JN438148

등나무 풍경

한국방송통신대학교
등단작가 모임

등나무 풍경

2014년 **4**집

2014 ⓒ 방송대문학회

방 송 대 문 학 회

발간사

『등나무풍경』 제4호를 발간하면서

회 장 김 봉 곤

"혜화동 지하철역 3번 출구
그대들은 낭만의 계단
웃찾사~ 거리

우리 우리는
시린 꿈 무색 고드름
창작의 열정 하나로 모여
해설픈 웃음으로
서로가 손 비벼주는 우정."

2013년 한해가 저물어 〈방송대문학회〉 4년 모임의 동인지 『등나무풍경』 4집을 만들었습니다.

『등나무 풍경』이 해를 거듭할수록 보라색 창작의 꿈을 키워가고 있습니다. 이 모든 영양분이 회원님들의 열정과 선, 후배님들의 후원이며 빛을 비추어 주시는 교수님들의 배려입니다. 고맙습니다.

〈방송대문학회〉 4년을 뒤돌아보면서 미흡했던 부분들도 있지만 행복했던 시간이 더 많았습니다. 소수 인원이 모여 깊이 있고 넓은 문학의 범주를 논할 때 많은 인원이 함께 공유 했으면 하는 아쉬움이 늘 남았습니다.

진정한 창작이란– 틀을 벗어난 꿈의 詩想에 도전이자 개척이다. 도전하는 〈방송대문학회〉『등나무풍경』이 네 번째 만들어진 이 한권이 가벼워 보일지 모르지만 우리에 혼과 열정 그리고 꿈이 담겨있기에 천금같이 소중하다고 느낍니다.

〈방송대문학회〉가 한해 한해 거듭될수록 수적 질적 향상이 되어가고 있습니다. 명분의 틀을 벗어나 나름의 어려운 삶에서 순수하고 진솔한 이야기로 펼쳐가며 망망대해의 목마른 파도 같은 글에 대한 갈증해소를 위하여 바위에 부딪치는 노력을 하고 있습니다.

방송대 학우님들이 일인다역을 하면서 우수한 창작품으로 신춘문예 당선소식이 전해져 오면 가슴 짠합니다.

『등나무 풍경』 4호에 소중한 원고 주신 회원님 감사합니다. 갑오년 새해 건강과 행복 가득하길 기원합니다.

2014년 2월

삶의 시인 김 봉 곤

차 례

방송대문학회

차 례

방송대문학회

차 례

등나무 풍경

등나무 풍경

시

조태식 이건원 민문자 신영자
이복연 이상동 장광분 서오원 이순애
이현욱 김봉곤 우인순 우재호
우재정 이동숙 송동현

조 태 식

어머님 생각

그 이름

아카시아 꽃

겨울 꿈

그때 그 겨울

예명 조명래(趙明來), 경남 昌寧 출신. 서울 거주. 방송통신대학교 국어국문학과 수료. 2008년《현대시선》가을호 시와 수필로 등단,《현대시선》가작상 수상. 한국음악저작권협회 · 한국연예예술인협회 가수위원회 · 夢작가동인회 회원, 현대시선 문학사 홍보위원, 한국방송대문학회 부회장. CJ 홈쇼핑 삼성생명CF (2006. 10. 14.), 夢미디어 문예예술영화 '夢' 출연(2011. 3.). 제2회 수용문학상 시 최우수상, 제4회 수용문학상 시 우수상. 공저『수레바퀴』3(현대시선),『등나무 풍경』,『살얼음진 강가를 떠나며』1, 2호 외 다수 . 대중가요 작품 〈꿈인줄 알면서도〉(조동산 작사 조명래 작곡 이태호 노래), 〈님 떠난 항구〉(조태식 작사 조태식 작곡 이태호 노래), 〈가을사랑〉(윤기영 작사 조태식 작곡 조태식 노래)

Mobile : 010-5478-4755 E-mail : jts261@hanmail.net

카페:조태식 음악 영화 시 http://cafe.daum.net/jtsmusic2009

어머님 생각

조 태 식

그리운 어머님
아~ 아름다운 세상….
보릿고개 먹을 것이 귀해 죽을 먹던 시절,
지금의 동네 시장골목을 걸을 때 마치 천국 같다
너무나 많은 음식들….
어머니가 이걸 보시면 얼마나 좋아하실까.
아마도 눈에 보이는 대로
몽땅 사려고 하셨을지도 모르지
시장길 걸을 때는 꼭 어머님 생각이 나곤 한다
이렇게 편하고 좋은 세상 한 번도 보지 못하신 채
농사일에 고생만 하다 가신 것을 생각하면
죄스럽기 그지없다
그래도 그 시절 어머니가 계셨기에 행복했고
그립기만 하다
오늘도 시장길을 걷다 어머님 생각에 잠시
생전의 불효를 빌어본다

그 이름

한가위 둥실 한 달은
변함없이 고향 하늘을
비추어주고 있지만
살아생전의
어머님 나이만큼이나 살아버린
나는 우리 어머님 이름보다
어머님이라는 말에
목이 메이고 서러워진다
자식을 위해 온갖 정성을
아끼지 않으시던 어머님
쓴맛 단맛 가려서 자식 입에
먼저 넣어 주시던 어머님
달빛 따라 더듬어보던
고향 하늘 부르고 또 부르고
난 울어버리고 말았다
우리 어머님

아카시아 꽃

아! 이 향기 오랜 기억 속에 익숙한…
눈을 감는다
봄날이 왔을 거야 햇살 따사로운…
꽃잎 주렁주렁 매달려 그윽한 향기로
가득 채워주던 배부른 길
보드라운 꽃잎 입에 넣어 달작한 맛에 취하여
자전거 타던 길
그리운 얼굴들이 하나 두울
아삭거리는 꽃잎 속에 묻어나오던 휘파람 소리
그래 아카시아 꽃이었지 맛이 있었어
눈을 뜬다
하늘은 맑고 푸르다
눈가에 고인 눈물을 슬며시 닦는다
이런 괜스레… 아카시아 꽃향기로 불러내던
지나간 봄날

겨울 꿈

돌아보자
우포늪
거기엔 내가 있었다
아련한 기억

생각해 보자
나는 스케이트를 타고 있었다
철사로 엮어 이은 발 모양의 나무 스케이트
추운 줄도 모르고 지쳐 가기만 했던 얼음판
발갛게 언 손 비벼가며 젖은 옷자락 감추어
대문 앞 기웃거릴 때
타닥타닥 군불 때는 소리
포실한 고구마 한입 넣어주던 투박한 손길
아 –
그리운 고향 집에
내가 있었다

그때 그 겨울

지나간 날은 아름답고 그리운 것
처마 끝에 매달린 수정같은 고드름
꽁꽁 얼음 지치던 손으로
만지작거리며 입안에 사탕 굴리듯
녹여 먹던 시절
까아만 고무 털신에 새끼줄 묶어
얼음 지치며 해 지는 줄도 모르고
철없이 뛰어놀던 겨울철
……
춥다
눈을 뜨면
거리에 나서면
멀게만 보이는 도시의 하늘
모든 것들이 춥기만 하다
그때 그 겨울
따뜻한 화롯불 같은 어린시절
추억 한편을 꺼내들고
잠시 눈을 감아본다
……
아련히 들리는 다정한 목소리
– 춥다 해 떨어진데이 뭐 하노 –

이 건 원

대륙

중웨 아침

닝샤대학

法名 徹善, 1944년 전남 영광군 묘량면 출생. 한국방송통신대학교 국문학과 재학중, 방송대문학회 · 종로구 이화마을 작은도서관 회원, 한국윤리학회 · 대한수리논리학회 종신회원, The American Mathematical Society Life Member, 국가유공자. 1977년 8월 22일 서울대학교 공과대학 철학강사 이후 서울의 여러 대학에서 강의함. 저술 『다수언어상황에서의 의미론』(상조사 1980), 『Semantic Base for Scientific Theory』(Hahn-Shin Pub, Co. 1987). 공저 및 번역 『논리연구 』(문학과 지성사), 『문제를 찾아서』(종로서적), 『현대철학의 쟁점은 무엇인가』(심설당), 『언화행위』 (한신문화사).
연락처: 010-2332-6218

대륙

이 건 원

보이는 돌산도
한참은 달려온 후다.

큰 덩이 어떻다고
들어는 보았어도

참으로 들판에
황무지도 곁들었다.

* 2013년 08년 20일 于 中國 中衛 新華國際飯店

중웨 아침

나뭇잎 흔들리는
아침 바람 여름 해

산도 안 보이는 하늘
중웨시 육층방

여기에 새 중국의
식사로 아침을 연다.

* 2013년 08월 21일 于 中國.中衛 新華國際飯店

닝샤대학

숲 속의 빌딩들
큰길의 자동차

여름 아침 안개 속에
닝샤가 밝아 온다.

푸르름 아끼는
인촨의 모습이다.

* 2013년 08년 23일 于 中國寧夏大學國際文化中心 建源

민문자

감나무집
모자
신발 타령

소정(小晶) 민문자
2003년 《한국수필》 수필, 2004년 《서울문학》 시 등단
실버넷뉴스 기자(문화예술관장 역임)
서울시 평생교육강사-문학의집 구로(스피치와 시낭송)
방송대문학회 고문
부부시집 『반려자』, 『꽃바람』
수필집 『인생의 등불』
서재 http://민문자.시인.com
연락처 : 010-5256-4648
이메일 : mjmin7@naver.com

감나무집

민 문 자

해마다 단풍철이 되어
감나무 있는 집을 지날 때면
어린 날의 감몸살이 도진다

고향 집 이웃에 커다란 감나무
단풍든 감잎 사이사이
빨갛게 익은 감 주렁주렁

아침 일찍 감나무 아래로 뛰어갔지
으깨진 홍시 맛이 일품이었지
감나무집에 시집가고 싶었지

모자

신분과 벼슬에 따라 쓰던 관모冠帽
현대는 예술가의 상징처럼
문화예술인이 많이 애용한다

모자 없이는 외출하지 않는
존경하는 나의 스승 임보 시인도
모자 사랑이 대단한 예술가

안방 한쪽 벽에 진열된
모자는 아마도
열대여섯 개가 넘을 것이다

인품에 더한 매력적인 그 감각에
경향 각지에서 제자들이
구름같이 모여드는지도 모른다

신발 타령

새신을 신고 뛰어 보자 팔짝
어림도 없는 소리지
내 신은 헌 게다짝인 걸
초등학교 입학 때까지
짚신 아니면 나막신이었네
색동 꼬까신을 신어본 기억은
아물아물

중학교 때는 검정 운동화
왕복 6km 등하교에 두 달도 못 견디고
뒤꿈치 구멍 난걸 겉모양 멀쩡하다고
신발 속에 모래가 들어와 까끌까끌해도
신고 다녀야 했던 5, 60년대
이제는 온갖 멋진 구두가 신발장에 가득하지만
그 예쁜 신발을 신고 팔짝 뛸 힘이 없네

신영자

나목의 연가
겨울 밤
갈대의 노래
토요일에 바람이 불면
뻐꾸기 우는 봄날에

충남 천안 출생
동덕여고, 한국방송통신대학교 국문과 졸업
1999년 월간《한국시》신인상 등단
한국문인협회 회원
한국시조시인협회 회원
한국시 문인회 서울시 부회장, 심사위원
한국여성시조 문학회 이사
방송대문학회 고문
2005년 한국시 시조부문 대상 수상
2010년 35회 노산문학상 수상
시조집『어머니의 정』
연락처 : 010-5297-4735

나목의 연가

신 영 자

눈꽃의 열기 감아
빈 가지 잠재웠나

다둑인 속삭임에
고뇌의 숨소리여

푸른빛
벗어버린 기억은
옛날인가 그 열정을

열림에 안달 남아
설익은 아픔인양

기다림 떨리움에
눈꽃은 날리우고

생명은
속정 태운 청춘
그리움에 등불을

겨울 밤

동짓달 열나흘 날 달 밝은 겨울밤에
멀리서 밤 부엉이 속절없이 울어대며
호롱불 너울너울 속에 전설 태워 재우나

불빛에 버선 기운 어머니의 고된 손길
하루해 쉬임없이 매어달린 삶의 무게
깊은 밤 지붕 위에 쌓인눈 쏟아지는 소리를

갈대의 노래

은 갈대 강변 위에
손짓하며 흩날리며
한 몸을 굽어 올린
흰 빛의 도약으로
한평생
하늘을 잡고
풀어 올린 굴레를

생전에 한 몸 되어
풀빛으로 태어남을
유혹의 보헤미안
미소로 반가움에
하얀 꽃
바람에 날려
기나긴 날 독백을

토요일에 바람이 불면

유리벽 카페 안에 그윽한 커피 향내
세월이 흘러가고
인생이 흘러가니
청춘의
고된 사랑도
불빛 조명 바람 속으로

잔잔한 선율 태워
키타 소리 울리우는
카페의 거리 위에
토요일에 바람이 불면

밤안개 흰 비단깃 날린
임 향한 그리움을

뻐꾸기 우는 봄날에

어느덧 모란은 지고
한적한 산길 돌아
황톳길 걷고 있네

저 산속에 뻐꾸기는
하염없이 울어대어
소나무에 송화가루 날리우며

가신님 떠올리어
이 생 저 생 이야기를
하늘에 올리는데
꽃구름이 내려앉아
실바람 너울 따라
긴 사연을 더하려나

뻐꾹소리 공명을 태워
빈 가슴으로
하얀 파도 일렁임을
꽃잎 날리는 봄 언덕에
사랑의 세레나데
뻐국소리 울린다

이 복 연

희망의 등불

눈[目]

달

장신구

황산黃山을 오르며

우별
한국방송통신대학 교육학과 졸업
서울시인대학 졸업
《국보문학》 시부문 신인상수상
서울시인대학 재무이사
방송대문학회 부회장
한국낭송문학협회 회원
시인, 시낭송가
보육교사 1급
웃음치료지도자 1급
공저 『첫 만남의 기쁨』, 『내 마음의 숲』, 『등나무 풍경』 외
연락처 : 010-9068-9681

희망의 등불

이 복 연

파란 마음으로
꽃씨 뿌려
저마다 무지개 옷 입히고
주렁주렁 열매 맺는 축제의 날

떡시루 불 밝히고
시낭송으로 물들여
등나무 풍경 엮고
행복 노래 부르네

달개방*에 모인 꽃
선후배 사랑 열기
햇살 가득 훈풍으로
빙하도 녹이더라

동문들이여
세상의 빛과 소금
자랑스러운 사랑의 전도사
문단의 빛 되어 활활 타올라라

* 달개방 : 원채에 붙여 달아 낸 방

눈[目]

달덩이 속에
반짝이는 별

기쁠 때는 미소로
슬플 때는 우수로
마음을 보여주는 빛

긍정의 샘으로
초롱초롱 빛나소서

고운 사랑
가득 담은 파랑새
그 안에 기르소서

달

해님이 잠드니
달덩이 걸리네

마음이 등불 다니
천지가 웃네

날마다 밤마다
휘영청 둥근 달만 돌아라

풍성한 어머님의
가슴이 되리라

장신구

생명이 숨을 쉬고
삶이 움트는 공간엔
예쁜 스카프, 모자, 목도리
가지런히 누워 있다

4계절 무지개 빛깔
때 맞추는 색감놀이
외출 위해 준비된 분신들

세월의 흔적을 가리려
안간힘 쓰다가도
개성있는 멋쟁이 되고
귀부인과 농부로도 변신하네

머리가 흔들거리며
뼛속에서 바람 거세게 일 때
감싸주는 따뜻한 사랑
당신의 가슴이 되기도 하지

황산黃山*을 오르며

웅장한 산허리
대나무 치마폭 펼쳐진
등선 소나무 기둥 사이사이로
우뚝 솟은 화강암 봉우리
한 폭의 산수화로 걸려있고

솜털 구름 타고 두둥실
고공잔도高空棧道* 외길 걸어
잠자리 날개 신선 되어
천태만상의 운산
속으로 날아올라
천지는 품 안에 매달리고

연화봉 천도봉 비래봉 서해대협곡
골골마다 운해 속에 고개 내밀고
기암기송 경이로운 형상 앞에
쌓아둔 애환 씁쓸했던 미소마저
시리도록 아름답구나

무한천공 우주 속
헐렁하게 비우고
날아올라라 영혼아
한 줄기 희망의 빛으로
바람을 타고 흘러라

* 황산 : 중국 화동(華東)지역 안휘성(安徽省) 남쪽에 위치한 해발 1,804m의 국립 공원으로 유네스코에서 세계자연유산으로 지정

* 잔도(棧道) : 벼랑에 구조물을 설치해 선반처럼 만든 길

이 상 동

그대의 침실

강가에서

애무

사랑

눈동자

白鳳
방송통신대학교 국어국문학과
경북 울진군 죽변면 봉평리 출생
2010년《한울문학》등단
방송대 문학회 회원
공저『하늘빛 풍경』
『내 가슴이 너를 부를 때』2, 3집
현) (주)시연건설 부사장
연락처 : 010-8861-0235

그대의 침실

이 상 동

대지와 태양을 넘어
귀여운 어린 양의 털을 깍아서
값진 당신의 보석을 감싸 주리라

영원한 섭리의 날개를 펴고
내 시를 품어
잉태하게 하소서

같은 운명으로
시간은 인생을 노래하며
하늘의 뜻은 나를 고뇌하게 하는가

찬란한 여명
내 영혼은 그대와 함께
파랑새의 영롱한 희망을 꿈꾸게 하네

강가에서

맑은 바람이 살포시 흔들고
참다못한 나는 사랑을 고백하나니

마음속 모든 것을 품어
강물이여 도도히 흘러라

그대 가슴에 포근히 잠든
나의 꿈을 깨우지 말고

말없이 말없이
하염없이 흘러라

종탑에서 짝을 찾아 울음우는 비둘기여
그대 울음을 멈추어라

유유히 흐르는 강물이여
그대는 무척 행복하누나

저 강뚝 넘어 장미꽃은 강물의 향기로
추억어린 행복의 꽃잎을 피우리라

애무

달콤한 향수
그대 이름은 행복이라는 미로

귀여운 사람아
너가 귀여워 하염없이

나는 너를
무척이나 좋아하노라

절벽의 바위에 쉼없이 밀려오는 파도
아! 진정이어라

파도가 끝없이 칭얼대도
진정 사랑하리 그대를

그대는 바위
나는 당신을 무지 무지 사랑하는 파도이어라

사랑

오!
파랑새여
내 그대를 행복이라 부르리

숲속과 나무와 하늘을 향해
바로 그 울음소리
너를 찾아 하염없이 갈구하였네

얼마나 헤맸었던가
너는 내가 무수히 애무하던
소망이요 사랑인 것을

너는 내가 나날이
갈망했던 로망스요 행복인 것을
끝끝내 그대는 먼 먼 추억이어라

눈동자

사파이어 보석
그대는 열망하고 있었네

그대의 눈물자욱이
이슬을 머금고 나를 침묵하게 하였네

우리 헤어질 때
말없이 그대는 눈물흘리며 후일에 상봉을

가슴 요동칠 때
입술은 파르르 떨고 있었네

지금의 슬픔
아침이슬과 함께 내 이마에 흘러내렸고

우리들의
사랑도 추억도 흘러내렸네

장 광 분

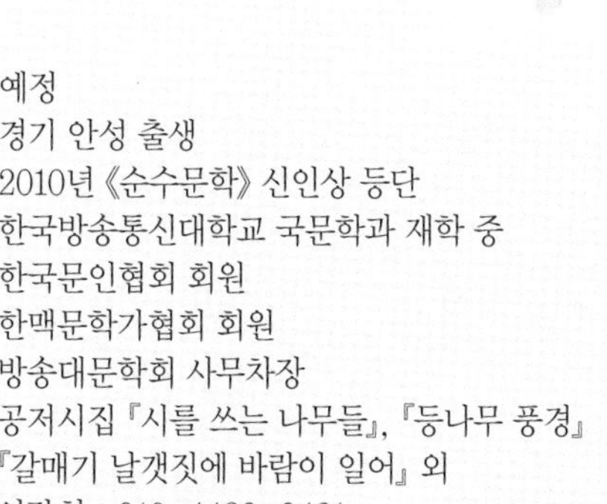

예정
경기 안성 출생
2010년 《순수문학》 신인상 등단
한국방송통신대학교 국문학과 재학 중
한국문인협회 회원
한맥문학가협회 회원
방송대문학회 사무차장
공저시집 『시를 쓰는 나무들』, 『등나무 풍경』
『갈매기 날갯짓에 바람이 일어』 외
연락처 : 010-4480-0421

미련

장 광 분

가을을 붙잡아 놓을까
하늘 공원 올랐다

바람과 노닐다
그만
깜박 잊고 내려왔네

해인사의 아침

처음 맞는 아침은 아니다
이만 번이 넘는 아침을
몇 번이나 기억하는지

해인사의 아침은
운무로
살짝 감추어 버렸다

고요함이 심신을
정화 시켜 주는 듯
욕심으로 가득찬 모든 것이
멈추어 버리고

살포시 내려다
보시는 부처님께
두 손 모아 업드린다

구원

블랙홀에서
검은 날개를 펴고
너울너울 춤을 추는 물체들
형형 색깔로
알 수 없는 추상화를
홀 가득 그려 놓는다
긴장과 두려움
어디선가 갑자기 우레와 같은
구원의 소리
사라지는 추상화들
고요함
귀를 곧추 세우며
빠져나오려 돌파구를 찾아
안간힘을 쓴다
푸우 드르렁 낯익은 소리

안도의 한숨

긴 여로

어둑한 밤이 아직 남아있다
체념의 까만 밤을 하얗게 밝힌 시간들

어릴 적 서둘러 저물었던 비좁은 방은
칠흑 속으로 스며들고
하얀 창호지 위에 드리운 그림자들
어둠 속으로 너울거리며 찾아든다

이상을 향한 갈망
넓은 미지의 세계
울렁거림으로 그려보던 청사진

어질머리로 내디딘 도시 생활
북한산 자락의 삶은
늘 흔들리고 있었다

유년의 허기진 갈증이
목마름이 되어 물밀져 오고
아직도 채우지 못한
안갯속의 긴 여로
더듬거리며 그 길을 찾는다

모란 공원

주검들이 누워있는
예쁜 이름을 가진 공원

처음 만났을 때
빨강 치마 연두저고리
입은 새색시였네

수시로 드나들며
인사 올리고
훌쩍 넘긴 세월

내 머리에
서릿발이 내리고
어머니 닮아갈 즈음

아버님 곁에
어머님 함께 계시라
모시고 왔네

도랑이 있던 곳도
나무가 서 있던 곳도
주검들이 누워 있고

아버님 어머님
외롭지 않으시려나

서 오 원

그리운 사람
그리움의 포로
성냥개비 사랑
뜬구름 연정
애증
그리움 하나

白夜
《한울문학》 시부문 등단
사단법인 한울문학언론인문인협회 회원
사단법인 문화예술교류진흥회 회원
사단법인 한국문화예술유권자총연합회 회원
방송대문학회 총무
한국방송통신대학교 재학 중
연락처:010-4635-4915

그리운 사람

서 오 원

가끔 불현듯이 울컥
치미는 사람이 있습니다

부질없음을 느껴버리는
감정적 굴절을 겪을지도
모를 일입니다

가만히 한 번만이라도
어쩌다 단 한 번만이라도
전하고 싶은 말이 있습니다
대화의 통로에서 붉은 차단기가
내려져 삼켜 버렸습니다

슬프게 아려 오게 하는 사람
맑은 그리움 내려놓고
몹시도 추운 겨울날 가버린 사람입니다

저 높고 머언 하늘나라
이 하늘 아래 없는 사람, 우리 엄마입니다.

그리움의 포로

창밖을 본다
거기에 있었다

먼 산을 바라보면
거기도 있었다

봄에는 꽃잎에
대롱대롱 매달려
해롱해롱거리고

여름에는 빗방울에 퍼져
휘루했다

가을에는 낙엽 속에
거닐고 뒹굴고
겨울에는 함박눈 위에
송이송이 뛰놀고 있다

난 매일 그리움의
포로가 되지 않길 빈다
오늘도 창밖은 철 따라
그리움도 그만큼 가슴에 있는데

성냥개비 사랑

부딪쳐볼 거야
확! 당겨볼 거야

미끄러지면
상처만 남겠지

불꽃 튀는 사랑을
하고 싶어

타버릴 때까지

뜬구름 연정

어디쯤일까
중지中指 펴 길게 재어 보면
아련히 떠오르는 한 뼘의 추억

손 내밀어 보지만 만질 수 없는
보이지 않는 창공의 새 발자국인 걸

아무리 가슴에 담으려 하지만
타올라 허공에만 그려지는
외로움 가득 채워 놓는 그대
잡을 수도 잡히지도 않는 그대

뜬구름 연정戀情에 불과한
잴 수 없는 고운 사랑
그리움만으로 가득 채워져 있는 걸

애증

그림자 훔치며 달려온 어둠
가을이 사라지는 날 밤
사랑도 가져가 버렸다

동트면 발자국 소리에
버선발로 문지방을 넘어
얼싸안겠지

그리움 하나

내 가슴에 그리움 하나 있어요
초봄이 내미는 그리움 하나 또르르
내 가슴에 들어와 꼭 안겨요

그대가 그리워 창틀에 목을 매네요
푸른 산이 아직은 멀어서 볼 수 없어요

가슴이 요산요수를 따라 아롱아롱
그리움이 신이 들려 글 줍기를 해요

가질 수 없는 애달픔에 목말라
가슴만 덩이덩이 꽃피워 떨어지지 않는 걸요!

내 가슴에 그리움 하나 어떻게 하나요?

이 순 애

장고항의 일출

아기 새의 꿈

갯벌의 하루가 바쁘다

바람

잡초

충남 논산 출생
《문파문학》 신인상 시, 수필 당선 등단
한국문인협회 회원
한국수필가협회 회원
문파문학회 회원
시계문학회 회원
방송대문학회 회원
한국방송통신대학교 국어국문학과 졸업
한국방송통신대학교 문화교양학과 재학중
공저 『바람이 창을 두드릴 때』 외 다수
연락처 : 010-4187-7232

장고항의 일출

이 순 애

숨죽은 듯 긴 밤
한눈도 못 붙인 채
어찌할 수 없었던
잉태의 산고를 치른다

아픔도 잠시인양
심연의 바다에서
어두움을 뚫고
새 생명이 태어난다

바닷물을
온통 산후의 피로 물들이고
그 한가운데서
황진이의 눈썹 같은 아침 해가 떠오른다

쑤욱 쑤욱
힘차게 솟아오르는 눈부신 태양은
소나무 가지를 지나
어느새 창가에 다가와 아침인사 한다
당신에게 평화가 있기를! 아멘

아기 새의 꿈

국화꽃 어우러진
마당 한 구석

노오란 부리의
아기 새 한 마리
앙증맞다

아직 껍질 깨고 시작하는
눈뜸이 남아 있는 듯한데
일어서려 안간힘을 다한다

쓰러진다

고개 숙인다

푸른 하늘
한 번
쳐다본다

갯벌의 하루가 바쁘다

바다가 성큼성큼
푸른 걸음으로 걸어 나가면
통통배 미끄러지듯 앞장서고
물 빠진 갯벌은 삶의 터전

살금살금 옆살걸음하는 어미 게
뒤따르는 새끼에게
바르고 의젓하게 걸어보라 가르치고

양반 행세하는 바지락
드러누워 입 벌리고 물총 쏘면
놀란 고동
온몸 한 바퀴 휙 돌려 재롱 떤다

한 웅큼씩 물 고여있는 곳
미처 썰물 따라가지 못한
게으른 실치 몇 마리
밀물의 때를 기다리며 숨바꼭질하면

기회를 만난 갈매기 날갯짓 힘차다
무엇을 먹을까 이것저것 살피다
보기만 해도 배가 부르다
꾸욱꾸욱

바람

숲속 초록 바람
이웃집 원두막에 올라 앉아
다리 꼬고 요리조리 비틀다가
맨발로 나가더니
후두둑 살구나무에게 얻어맞고
노랗게 멍들었다
번뇌에 젖어든 보리수나무 밑 지나다
핏발선 발 내려다보며 울상이다
정신없이 나대다가
고추장 뒤집어쓰고 아프다고 울상인
손주 놈 같다

잡초

풀을 뽑는다
불타는 태양을
머리에 이고도
서슬 퍼런 모가지가 질기다

종아리에서
피를 맛본 거머리처럼
흙을 빨던 뿌리는
처서가 지난 하루 이틀 사이에
기력을 다해 손 놓은 늙은이다

뿌리가 놓아버린
흙에 덮여
흙으로 돌아가라는
그런
화살 하나
가슴에 꽂아놓는다

이현욱

여행자 숙소

달빛연주

백양사에서 구르기 경기를

한국방송통신대학교 국문학과 졸업
《서울문학》 등단
한국문인협회 회원
한국현대시인협회 회원
강남문인협회 회원
방송대문학회 사무국장
연락처 : 010-3375-8517

여행자 숙소

이 현 욱

도시에 무수한 발걸음이 지나고 있다
누군가 불쑥 내미는 지폐 한 장에
"땡큐"를 외치며 씁쓸함을 삼키던
샌트럴파크의 천길 치마폭 여인
그녀의 하프 줄에도 붉은 노을이 드리워진다

화려한 불빛만을 찾아 헤매던
젊은이들 발자국 소리에도
그림자가 지고
글로벌 시대 장한 딸을 외치며
등 떠민 어미도
느린 찰라의 시간 속에서
잠시 화해를 청할 때

여행자숙소 까만 유리창에도
추억을 안고
맑은 별빛이 쏟아져 내린다

달빛연주

머뭇거리던 햇살이
숲 속 작은 빈터로 사라지고
구름 속 노을빛은
가을 단풍으로 숨어드는데
살포시 강물로 내려앉은
조각달 흰 그림자
사공은 나룻배에 걸터앉아
술잔에
달빛만 휘휘 저어
노랫가락을 연주한다

백양사에서 구르기 경기를

가을이 저만큼 떠나갈 무렵 우리는 백양사를 찾았다
숲길 초입새에서부터 줄지어 서있는 커다란 참나무들은
훤칠한 호위무사처럼 든든하기도 하고 정겹기도 하였다
단풍 물로 무뎌진 나무뿌리를 가을바람이 흔들고 있었다
나뭇잎은 비처럼 흩어져 내리고 그 낙엽 구르는 소리가 궁금해져
숲 속으로 달려가 보기로 했다
수북이 쌓인 낙엽 더미가 내 얼굴로 갑자기 튕겨져 올라왔다
가슴이 통개 통개했다는 일행의 말을 빌리자면
"시야에서 사람이 순식간에 사라졌다
그때 즈음에 산돼지가 넘어가는 소리가 났다"
낙엽과 뒹구는 시합에서는 내가 이긴 건 맞는 거 같다
하지만 갈참나무 웃음소리가 귓전을 떠나지 않고 있다는
느낌은 왠지 떨쳐버릴 수가 없었다
갈 갈 갈 갈 갈

김봉곤

모닥불

팽나무 그늘에 펼쳐진 고향생각

구름따라 집 나간 달팽이

아내

폭우

삶의시인
전북 정읍 출생
2003년 월간《한맥문학》동시 등단
한국문인협회 회원
국제펜클럽한국본부 회원
한맥문학가협회 사무국장
한국문인협회 정읍지부 내장문학 회원
방송대문학회 회장
동인지『3040 삶의향기』발간
한맥『삶과 문학』발간
연락처 : 010-8909-1555

■동시■

모닥불

김 봉 곤

눈썰매장에 미끄러지는
어린 햇살들이
버드나무 가지에 붙어
꿈의 그네 타고 있다

나를 잃었던 고향 친구
찬바람 영글어가는 용산역
눈빛 같은 가로등은
동심을 찾느라 껌벅 껌벅

먼동 짊어진 아버지의
가난 태우는 살풀이 춤

팽나무 그늘에 펼쳐진 고향생각

노령산맥 능선 따라
시간을 입질하며
정읍천에 흐르는 왕골 켜는 아우성
물고기 비늘 같은 가을볕
배들평야 황금 융단에 가득하다

사발에 담긴 둠벙 배미
노릇노릇 낟알 익어가는 고향
버들잎 그림자 띄워
미나리꽝 우물 같은 넉넉한 인심

못줄 잡이 흥타령
홀태에 걸린 이삭처럼 아쉽지만
등짐지고 긴 논둑길 한숨에 달려온 청춘
풍년가에 팔순의 어머니 손맛 지그시 눈감고
되새김하는 여백은

팽나무 그늘에 펼쳐진 고향 생각

구름따라 집 나간 달팽이

파란 하늘에 구름 한 점
달팽이 걸음으로 가고 있다
힘겹게 산마루 넘어
솔가지 즈려밟고 뼛가지 꺽어 만든
지게 진 늙은 아버지 다랑논 치듯

아리게 찾아드는 저녁 놀 빛
집 나간 엄니 찾는 미친 애비 등짝에
한세상 찰싹 붙어 열받게 한다

아내

나의 다리 한쪽이
깊은 수렁으로 빨려가듯
허허롭게 이불 걷어채며
뒤척이는 고운 햇살

산[生]
그림자 하나
빈자리 남겨준 채
완도로 주부 여행을 떠나고 있다

장롱 열고 그려보는 어깨춤
이불 개키는 일 내주지 않았는데
어쩔 수 없이 내 손에 맡긴 아내
이불 걱정에 갯벌 내음 새롭다

폭우

억 겹의 비가
실타래 풀듯 줄줄이 내리면서
해석 되지 않는 그들만의 언어로
실개천 갈피리 꺾어 불며
검은 깨반죽의 어둠속으로
스멀스멀 안겨간다

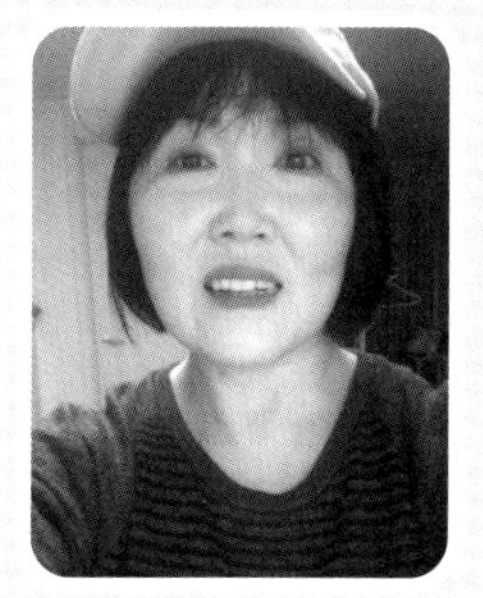

우인순

당신이 내게 올 때는
바람이나 되어야 겠다
봄이 오는 소리
어머니의 기도
사랑이라는 선물

늘푸른마음
월간 《문학세계》 시 등단
《좋은문학》 수필 등단
한국문협회 회원
한국기독교작가회 회원
아가페문학회 동인
향인문학 이사
방송대문학회 회원
시와 수상 문학상 수상
공저시집 『바다에서 별을 줍다』, 『침묵의 축제』 외 다수
시집 『천년을 살아도』 외 다수
연락처 : 010-7133-9916

당신이 내게 올 때는

우 인 순

당신이 내게 올 때는
화려하고 눈부신 명예보다
높고 큰 빌딩보다
따스하고 고운 마음 하나 가지고 오셔요

어쩌면 세상살이에
쓰러질 듯 많이 힘든 날
힘이 되는 따끈한 차 한 잔처럼
살짝 기대어도 좋을 부담 없는 어깨와
수수한 옷차림의 당신만 오셔요

욕심 없는 가벼운 발걸음
따스한 배려와 사랑이 깃든
바다같이 넓은 가슴으로
노을빛을 뚫고 날아온 새처럼
예쁜 사랑 하나 달랑 들고 오셔요

이건 이래 싫고 저건 저래 안 되고
요건 무엇이 모자라 싫고
구구절절 못 마땅한 것보다는
모자라는 것을 함께 채우며 살아갈
넉넉한 마음 하나 들고 오셔요

아프고 시린 기억들 둘 곳 없다면
가지고 오셔도 좋습니다
무거운 짐 내려놓기 힘들면 그것도 가져오셔요
값비싼 차는 없지만
마음을 따스하게 녹여줄
사랑 깃든 향긋한 차 한 잔 드리겠습니다

사랑 차 한 잔 마시면서
서로의 무거운 짐 함께 지고
슬픔도 외로움도 같이하며
이름 모를 들꽃처럼 하얗게 웃는
당신에게 향기 좋은 꽃으로
아침 햇살같이 눈부신 행복을 선사하는
아름다운 사람이 되고 싶습니다

바람이나 되어야 겠다

창문 여니 무더기로 쏟아져 내리는
노란산수유 꽃바람들
눈부신 햇살 속에 따사로이 웃는 초록빛 웃음
나도 바람이나 되면 얼마나 좋을꼬?

아름다운 생각만 하고 살았으면 했는데
삶의 길 무거운 발자국 옮기며 자꾸만 가라앉아
작아지는 나를 보며 눈물 뿌리던 길에
힘내야지 다독이며 웃어준 하늘에 사는 한 사람
그분 웃게 하는 삶을 살아야 겠다

커다란 숲을 꿈꾸며
그 숲에 나무 심고 나무마다 꽃 피워
싱그러운 바람 부는 하늘 보이는 숲
그 숲의 바람이나 되어야 겠다

바람 되어
사랑의 꽃씨 물어다 숲 가득 뿌리고
묵묵히 하늘 보여주며 웃어준
그 사람에게 감사의 기도와 찬양 드리는
욕심 없는 작은 새가 되는 꿈을 꾼다

나 비록 근심 속에 하루를 보내고
생의 절반을 뉘우침 속에 살지만
내게 아무 바램 없이 사랑 주는 단 한 사람
그 사람 때문에 내 창은 늘 푸르고 예쁘다

이제 그 아름다운 창을 열어
꽃향기 그윽한 초록빛 웃음 곱게 웃으며
하늘 보여준 그 한 사람처럼
이웃과 친구들에게
사랑이 가득한 숲으로 살고 싶다

그 숲의 바람이 되어
아침햇살에 투명한 이슬로 하얗게 웃으며
삶의 굴레 속에서도 비굴하지 않고
온화한 꽃잎의 미소로 답해주며
푸른 들판처럼 부유한 꿈을 꾸는 바람이나 되어
그 한 사람에게 가고 싶다

봄이 오는 소리

겨울도 추운 건 싫은가 봐요
이따금 찬바람 양철 지붕 아래 내려놓고
고운 햇살 데려와 소곤거리며
처마 끝에 앉아 꾸벅꾸벅 졸고 있네요

꿈속에 달려가는 고향의 푸른 잔디
따스한 남풍이 키스하며 속삭이네요
눈부신 햇살 곱게 웃는 봄날이야
가지마다 새싹이 움트고
꽁꽁 얼은 내 가슴 저 밑바닥에서
졸졸졸 시냇물 소리가 들리네요

겨울도 추운 건 싫은가 봐요
커다란 두 눈 끔벅이며
하얀 눈 펑펑 얼어붙은 대지에 쏟아 부으면
눈 덮인 들판 빨간 동백꽃
가지마다 꽃봉오리 툭툭 터트리며
봄이 왔다고 기지개를 펴고

따끈한 커피 두 손에 움켜쥔 겨울
버들가지 끝에 앉은 새봄 향해
고운 이슬 주르륵 내리며
올겨울은 무척 춥고 힘들었어
이젠 사랑하며 살고 싶어
하늘 종달새 노래하는 고향으로 날아가
노란 개나리 담장 뒤에 보이는
예쁜 내 임의 고운 향기 맡으며
숨바꼭질하며 살고 싶어 소리친다

어머니의 기도

하나님 내 아들이
거친 세상 물들지 않고 늘 푸른 숲의 향기 지니며
새벽이슬처럼 맑고 고운마음 세상에 내리며
개미처럼 부지런히 살게 하시고
아침 햇살처럼 눈부신 미소로 따사로이 눈을 뜨고
세상을 곱고 아름답게 바라보며
늘 하늘빛 마음 닮기 소원하길 빕니다

하나님 내 아들이
목마른 사슴처럼 당신 말씀 사모하며
험한 세상 타협하지 않고
목표 향한 선한 싸움에서 이기게 하여
소신껏 삶을 살며 감사가 넘쳐나게 하시고
만나는 이마다 복된 만남이 되어
축복으로 이어지는 삶이기를 기도합니다

하나님 내 아들이
노을빛 마음으로 이웃과 형제의 손을 잡고
사랑하며 기도하게 하시고
거칠고 험한 세상 때로는
지치고 힘들어 눈물 흘릴지라도
독수리처럼 힘찬 날갯짓으로 비상하는 꿈을 꾸며
늘 승리하여 기쁨의 꽃 세상 가득 피우는
향 고운 큰 나무 되게 하옵소서

사랑이라는 선물

몰랐습니다
부족한 내가 누군가의 꿈이 되고
마음의 보석상자가 되어
아름답게 태어남을

늘 어둠속 혼자 우는 내 삶은 힘들었는데
그림자처럼 옆에 와서
힘과 용기를 주는 당신이 있어
누에고치 속에 부화를 꿈꾸는 나비처럼
멋진 신화를 창조하는 꿈을 꿉니다

어제는 빛을 삼켜 먹는 어둠이
무섭고 두려웠는데
오늘은 당신이 있기에
밤하늘의 아름다운 별들이 보입니다

한 세상 키 작은 잎사귀가 된다 해도
바람이 할퀴고 간 들녘으로 남는다 해도
당신이 함께하는 하루는
내게도 눈부신 선물이며 축복입니다

사랑이라는 선물은 마음으로 받는 거라지만
혼자서는 못 걸어가는 바보랍니다
둘이 나란히 마음의 손을 잡고 기대어
한발 두발 걸어 뜨거운 포옹 속에
꽃피우는 아름다운 선물입니다

사랑이라는 선물은 손으로 풀어보는 것이 아니며
마음으로 바라보면 스스로 풀리는 선물이라지만
당신과 나 밤하늘의 별만큼이나 많은 시간
무던히 노력하고 기도를 해야 할 것입니다

눈이 큰 사슴이 목말라 찾는
맑은 산골짝 샘물처럼
퍼 마셔도 퍼 마셔도 마르지 않고
나눠주어도 나눠주어도 마르지 않는
사랑의 샘물 하나 가지려면
무던히 노력하고 기도를 해야 할 것입니다

우재호

가문동 포구
청량사
나도 내 맘
고장 난 세탁기
빨간 고무장갑

南村
경북 문경 출생
서울과학기술대학교 산업대학원 건축공학과 졸업
한국방송통신대학교 국문학과 졸업
《문예사조》 시부문 신인상 등단
〈문경시민신문〉 신춘문예 시부문 최우수상 수상
국제펜클럽 한국본부 회원
남양주문인협회 회원
문예사조문인협회 회원
한맥문학가협회 회원
타래시동인회 회원
풀밭동인회 동인
방송대문학회 부회장
자연문학회 이사
HP:010-9063-1938
E-mail: archpe@hanmail.net

가문동 포구

우 재 호

에둘러진 작은 마을에 마음을 빼앗기곤
가던 길 멈춰 가문동에 둥지 튼 미국인 부부
손님 온 줄도 모르고 깜박 잠이 들었다

가로등 불빛아래 빈 배 몇 척
피곤한 몸을 물결에 기대 뒤척거리고 있다

빈 배의 아랫배를 어루만지듯 물살이
슬그머니 손을 놓고 돌아서며
하루 종일 파도에 시달리던 방파제에
눈길 한 번 주곤 먼길 떠나고 있다

병아리 품은 암탉같이 방파제는
지친 배들을 품고 아침을 기다리는데
쉬고 있는 빈 배의 깃대 흔들며
밤늦게 마실 나온 바람 한줄기 스치며 지나간다
방파제는 한숨도 눈을 붙이지 못한 채
칭얼대던 파도를 잠재우곤 아직도
돌아올 기미 보이지 않는 밤배
한 척을 기다리고 있나 보다
그 모습을 바라보는 이방인의
마음속에 갑자기 일어나는 조바심

새벽녘까지 돌아오지 않는 배를 기다리며
별빛까지 마중나온 밤바다는
가문동 포구의 종이시계 바늘을
멈추고 싶었나 보다

청량사

바람 청량한 새벽
찬이슬 구르는 오솔길 걷는다
깎아지른 절벽 아래
절집풍경諷經이 위태롭게 아침을 깨운다
대웅전 앞 황국은
젖은 옷 벗어 햇살에 말리다가
돌아서며 배시시 웃고
담장너머 잘 익은 홍시들은
고개 숙여 법문 듣는다
부처님 앞에 고개 숙인 중생들
양손 가득한 비원들은 팔랑이며
햇살 속으로 날아가는데,
미친 바람과 노닐던 산꾼은
취한 달을 껴안고 코를 곤다
멀리서 바라보는 노승의 미소
도는 성큼 내 앞에 온다

나도 내 맘

사당동 사거리 근처 좁은 차선에 차들이 밀린다. 직진 신호가 들어와 앞차를 따라가는데 중간에서 신호가 바뀐다. 어쩔 수 없이 앞차를 따라 직진을 한다. 숨어 있던 의경이 갑자기 나타나 앞차는 보내고 내 차만 세운다. 신호위반이라며 면허증을 달란다. 앞차도 위반했는데 왜 나만 잡느냐고 따지자, 아저씨 앞차를 잡든 보내든 그건 우리 맘이잖아요. 몇 자 쓰고 사인을 하란다.

볼펜으로 점 하나를 콕 찍어준다. 이게 아저씨 사인이에요? 제대로 하세요 다시 돌려준다. 점 하나를 다시 콕 찍어준다. 아저씨 지금 장난치세요? 내가 지금 장난치는 걸로 보이나? 이게 내 사인이야. 몇 번을 실랑이하던 의경이 진짜 짜증나네, 아저씨 그냥 가세요. 그럼 진작 그럴 것이지. 너만 네 맘이냐 나도 내 맘이다. 한마디 툭 던져놓고 휘파람을 불며 사당동 사거리를 벗어나 온다.

고장 난 세탁기

1
고개 처박고 숨어있는 옷가지
주섬주섬 주워 세탁기에 넣고 스위치를 누른다
물소리 멈추고
금속성 비명만 자지러진다
일순, 비명이 멈추고 불길한 정적이 흐른다
세탁기는 꺼져있고
드럼통엔 검은 물이 가득하다

2
탈수된 빨래처럼 구겨진 아버지
움직일 수 있는 것은 손가락과 입뿐이었다
가륵가륵 거친 숨을 몰아쉬며
아버지는 쉼 없이 가래를 뱉았다
"선생님은 누구시오?"
마흔넷에 낳은 아들에게 묻고 또 물었다

3
노름꾼 아버지는 폭군이었다
수시로 밥상을 걷어차며
온 집안을 붉게 물들였다
그 사내가 고장 난 세탁기로 다가왔다
이젠 제발 쉬고 싶다고
그렁그렁한 목소리로 쉼 없이 애원한다

빨간 고무장갑

대형 할인점 한 구석
빨간 고무장갑이 놓여있다
늘 그곳에 눈길이 머문다
어렸을 적 살얼음 낄 때쯤이면
엄마의 손은 검붉어지기 시작했다
고무 통에 물을 가득 붓고 가둔 두부
하루에도 몇 번씩 얼음을 깨고
엄마는 맨손으로 두부를 건졌다
그때마다 손등은 툭툭 갈라졌다
고무장갑 한 켤레만 있었더라면
엄마 손도 아내처럼 고왔을 텐데
고무장갑 한 켤레
쇼핑카트에 담는다

우 재 정

눈[雪]
눈이 내리다
햇빛에 말 붙이기
이 겨울에
금월봉
스마트 교육
꿈을 먹고 사는 투자시장
모바일

명예 문학박사. 시인, 시낭송가. 한국문인협회 남북문화교류 위원, 국제펜클럽 한국본부 회원, 경기문협 운영위원, 죽정문학회 회장, 21C시학아카데미 회장, 운현문학 부회장, 세계예술문화아카데미 회원, 하남문인협회 고문, 하남예총 감사, 한국시낭송가협회 이사. 한국공간시인협회 이사, 한국작가 중앙위원, 하남문인협회 지부장 5대~6대역임, 백양문학 동인, 운현문학 동인, 문학공간 동인, 조선시문학 동인, 방통대문학 동인. 15회 문학공간상, 27회 동백예술문학상, 3회 하남문학상, 17회 경기도문학상, 8회 한국문학신문문학상, 6회 하남문화상, 2회 한국작가회 시낭송문학상, 전국시낭독대회대상 외 다수 수상. 시집 『그리움의 여백』, 『하늘바라기』, 『아버지의 뜰』, 『동행』 외. 공저 『별과 고기 그리고 고향』 외 26권.
연락처 : 010-2393-1158

눈[雪]

우 재 정

참 하느님은 공평도 하시지
더도 덜도 없는
분배의 평균율

저마다의 몫으로 받는 축복
한 점 때도 묻지 않는
순수의 세례

오염되지 않은 순수만이
가슴 적셔 녹여줄 수 있는
봄

우리는 지금
눈 속에서 봄을 가꾸고 있다

눈이 내리다

귀천했던
하루살이 불나방의 흔들림일까
저 분분분 내리는 눈발은

외등 불빛으로 뛰어드는
뛰어들어 스스로를 소멸시키는
분의 화신

뜨거움이 어찌하여
차가움이 되어 돌아오는 걸까

가슴과 가슴 사이
발자국 찍히는 눈길 하나
내 본다

햇빛에 말 붙이기

따뜻하다
창가 벽돌 벽을 지고 의자에 앉아
마주하는 꽃
꽃과 말씀 나누다보니
말씀마다 꽃잎되어
꽃으로 핀다

월장하던 장미가
꽃잎마다 입술이 된다
입술이 되어 속삭이는
밀어들
가시에 찔려 붉은 피를 토한다

햇볕 벗하는
한나절의 적요가
평화가 된다

이 겨울에

따뜻한 체온이 그리운 날엔
손가락 끝으로
송신을 한다

"쌀 없으면 라면 먹으면 되지" 하는 철없는 아이들
아이들이었던 옛날
따뜻한 온돌의 평화를 그리워한다

겨울 없이 어찌
봄을 맞을 수 있던가
오는 봄 꽃밭의 경작을 위해
마음밭 하나 눈으로 덮어 두자
이 겨울에

금월봉*

행여 드러날까
수천년 감추어온 비경
금월봉

영원한 태고인가
천국행 계곡인가
작은 금강산으로 불리우며
봉우리에서 봉우리로 건네는
호절경

청풍호 푸른 물결을
등 비비며 안기고 싶어 하는
천하비경
금월봉

* 금월봉 : 충북 제천시 금성면에 위치. 시멘트회사에서 점토 채취 중 발견된 '청풍호의 만물상', '작은 금강산'으로 불리는 기암괴석 군락지

■풍시조(諷詩調)■

스마트 교육

디지털기기 활용으로 학생들이 소통하며 창의성을 펼친다지만

언어폭력과 윤리교육은 뒷전, 인터넷 예절 등한시하는 세상 바로 돌아갈는지

앞날이 걱정스러워 …….

꿈을 먹고 사는 투자시장

주식시장의 로비의 현황판 앞에 들죽날죽하는 파랑 빨강 화살표

목빼고 앉은 사람의 애간장 태우며 피말리는 모습, 글로벌 경제 어려운 일장춘몽 꿈 깨고 바닥부터

다지심 어떠실지요?

모바일

페이스북, 트위터, 구글, 아이폰, 아이패드, 안드로이드 폰, 안드로이드 태블릿까지
멀티플렛폼을 자랑하지만 공유하지 못하는 어른들의 아픔을 읽고는 계시는지
발달은 좋지만 정이 흐르는 옛날이 그리워지는 까닭도 생각해 보시기를…….

이동숙

분신
지금은 열애 중
봄
풍경
발랑리의 봄

2005년 11월 《문학21》 시 등단
한국방송통신대학교 재학 중
한국문인협회 회원
파주문학회 회원
방송대문학회 회원
수용미학 문학상 수필부분 수상
시집 『말이 고픈 날』
이메일 dongsook1118@hanmail.net
연락처 : 010-6245-4783

분신

이 동 숙

불광동 시장어귀
버려진 강아지를 쓰다듬던 야윈 손길
오백 원에 산 병아리 손바닥에 올려놓고
수줍게 웃으시던

어떤 날은
꼬맹이 초등학생으로
그 어느 날은
갓 시집보낸 새색시로
비오는 어떤 날은
흰머리 난다고 애잔해 하시던 모습으로
치매에 합병증으로 시공을 넘나들던 내 어머니

오늘도
여기 와 계시는지요

지금은 열애 중

언제 이렇게 가슴 뛰고 설레었던가
가물가물 지워진 세월인데
잠도 오지 않고
자다가도 벌떡 일어나고
밥 먹는 것도 잊을 만큼 새롭다

푸른 날
친구들이 희망으로 상아탑을 향해
걸음 내딛으며 가슴 벅차할 때
한 귀퉁이에서 숨조려 울었던 서러운 기억들
흰머리 반반 섞여가고
기억보다 잊힘이 익숙한 지금
다시
더운 가슴으로
책을 편다
꿈을 위해서

나는
지금 사랑에 빠졌다

봄

조막만한 강아지가 망망이며
부산하게 무언가를 쫓아다닌다
떠돌이 개가 왔나
고개 내미는데
때 이른 나비 한 마리가 팔랑이며
강아지 주위를 뱅뱅 돈다
아하
봄이로구나
아직은 새벽녘 쨍한 한기로
잠결에도 움츠러드는데
망망
소리 앞에서 도망가 버리고
봄이 오는구나

팔랑팔랑
망망

풍경

오일장
해 저물녘이면
삐딱이는 자전거 바퀴 소리
막걸리 냄새 풍기며
대문을 들어서는 아버지 손에 들린 갈치 두 마리

무우가 더 많이 들어간 갈치조림
둥근 밥상 위에 올려지고
고만고만한 육남매 수저 놀림 부산하고
내 아버지 낮은 코 고는 소리에
한낮 폭염에 지친
능소화 잠이 든다

발랑리의 봄

1919년 3월 27일
태극기가 바람에 펄럭입니다
일어날 발
사내 랑
아홉 명의 젊은이들이 맨주먹으로
대한독립 만세를 외쳤다
광탄면사무소 앞에서
봉일천 시내 장터에서
만세소리는 천지를 흔들고
일본인들 간담을 서늘케 했다
젊은이들은 모진 고문으로 후사도 얻지 못하고
타향을 떠돌다 외롭게 죽어갔다

2013년 3월 27일
유랑하던 사내들
돌아와 비로소 안식을 하다

오늘도
그날처럼
발랑리 태극마을에
태극기가 펄럭 펄럭 펄럭입니다

송동현

눈물 한 잔 마시면

물방울 - 뿌려진 사랑

복기

평원

기억을 밟고 난 후

본명 송계원
1975년 경기도 포천 출생
관동대학교 행정학과 & 교육학 졸업
방송통신대학교 국어국문학과 졸업
월간 《스토리문학》 시 등단
맥놀이창작동인 부회장
사랑방시낭송회 상임시인
방송대문학회 회원
도서출판 담장너머 대표
시집 『꿈을 펼쳐』, 『사랑 水』
연락처 : 010-8776-7660
E-mail : najinu@empal.com

눈물 한 잔 마시면

송 동 현

눅눅한 사랑은 싫다
차라리 흠뻑 젖고 싶다 그래 차라리

딱 한 잔만, 한 잔 마시려다가

쌓여가는 사랑 나눌 수 있는 게 아냐
있거나 없거나 그냥

물방울

– 뿌려진 사랑

흩어진 말들이
가슴속에 하나 하나 박혀들 때
부동액을 확 들이키면
등푸른 칼바람 이겨낼 수 있을까
황금빛 용포 휘날리는 갈참나무
궁예의 마지막 설화 되살리고
무지치폭포의 마지막 사랑
흩뿌려지는 무지개

흘러야만 해
그래도

복기

열아홉 개의 상하를 만든다
넘어서려할 때마다
핏줄 터지며 절망이 만들어진다
자유로운 상상을 할수록
선은 굵어진다

열아홉 개의 편을 나눈다
넘어올까 주먹을 불끈 쥐고
소용돌이치는 바람에 두려워진다
바람이 바람을 만들수록
선은 굵어진다

교차된 선 위에 섰다
각진 칸칸들 혼자는 살 수 없는데
죽기 살기 덤비고 물고 뜯고
하늘이 하늘색이 아닐수록
네 땅 내 것을 싸운다

해 달 날 때 여덟 괘
가슴에 한점 한점 새겨넣고
화점을 황토에 그렸어야 했다
알았어야 했다
천원은

평원

낡고 헤진 詩
포실포실 살아날 때
한 글자 한 글자 기워도
흐들흐들 풀어지는 종이
이름을 갖고 싶다기에
생명을 주려하지만
힘이 없다

손끝에 펼쳐지는
새로운 평원
전자의 공간에서
두드리는 키보드
모니터의 빛을 가리며
깜박이는 커서
텍스트로 살아나는
영혼의 그림자
따듯하다

기억을 밟고 난 후

옥죄고 있는 것에 갇혀있는가
가족 친구 직장 법 국가 그리고 지도자
감시카메라에 길들여져 담장을 넘지 못하는 것은
스스로 만든 공기 같은 벽 침묵의 공간
불안과 미지를 즐기는 이 행복

기억을 밟고 난 후

등나무 풍경

수필

홍윤기 조태식 이건원
민문자 이순애

단편소설

이건원

홍 윤 기

청년선언青年宣言
내가 선택한 운명의 길

晩書
한국방송통신대학교 국어국문학과 재학 중
월간 《문학저널》 문인회 이사
한국문인협회 회원
방송대문학회 회원
연락처 : 010-6322-5671

청년선언青年宣言

홍 윤 기

얼마나 세상을 살아 왔나는 이제 계산기를 두드리지 않아도 훤히 알 수 있다. 분명한 것은 앞으로 살아갈 날들이 살아온 세월보다 확실히 적게 남았다는 것을, 에둘러 말하지 않아도 유감이지만 인정하지 않을 수 없다. 제아무리 천하를 호령하던 영웅호걸도 세월 앞에는 장사가 없다고 하지 않았던가? 철학을 공부한 일이 없고, 세상을 토끼꼬리 만큼 살아보았던 어린 시절에도 죽음이란 것에 별다른 두려움 같은 것을 느껴보지 못했었다.

그것은 아마도 겁 없던 어린 날의 만용이었겠지만, 오히려 이승이라 불리는 현세를 떠나 스스로 그 저쪽으로 다가가려고 했던 때도 있었다. 막연히 삶 저쪽에 유토피아가 있을지도 모른다는 생각을 했었다. 그것은 현실 속에서의 삶에 지쳐서였다고 말하기엔 너무 젊은 시절이었다. 죽음을 경험한다는 엉뚱한 생각으로 몇 번인가는 그 입구까지 가는 무모함도 보였다. 그러나 하늘은 그 마저도 내 뜻대로 하도록 버려두지 않았다.

그 무렵에 낯선 이국의 전쟁에 우리 군軍을 파병한다는 것은 내가 이 땅을, 아니 이 세상을 보다 합리적으로, 나름대로는 명분 있게 떠날 수 있는 절호의 기회였다.

내 나이 겨우 열아홉 청년이라고 하기엔 아직 솜털이 보송한 소년에 불과했지만 죽음이라는 매력적인 단어가 나로 하여금 해병이 되게 했고, 곧 청룡青龍이란 이름으로 낯선 이국의 전선에 서게 했었다. 생사의 거리가 종이 한 장의 차이, 순간과 순간의 차이로 극명하게 갈린다는 것을 체험했다. 역설적이게도 그 죽음들 사이에서 혼자 카타르시스catharsis를 느끼며 잠시 행복하다는 생각을 하기도 했지만 정작 자신은 또 한 번 그곳에 이르는데 실패하고 말았다. 그러나 그 때의 그 실패는 내 삶의 커다란 전환점이 되어 주었다. 하늘의 뜻이 나를 받아주지 않는 것이라면 '내가 해야 할 무엇인가가 남아 있기 때문일 것이다.' 라는 생각을 하게 되는 계기가 된 것이다.

그로부터 40여 년이 지나서야 겨우 그 길을, 내가 하여야 할 일을 찾아냈다. 삶과 현실 속에서 좌충우돌左衝右突하며, 생존을 위한 또 다른 전쟁을 치루면서 발견한 나의 길이었다. 허지만 이미 내 이마엔 굵은 주름이 삶의 훈장처럼 깊게 패이고, 머리 위엔 만년설이 내려 볼품없는 노부老夫가 되어있다. 얼마나 남아있을까를 가늠하며 계산기를 두드려 내가 살아온 세월을 평균에서 마이너스 시켜 보아도 어찌 해볼 수 있는 답이 없다.

'그만둬? 해봐?'

두 가지 명제를 놓고 또 다른 나와 갈등을 겪으면서 몇 날 며칠을 밤을 하얗게 새우며 내린 결론이 가다가 못가더라도 시작이나 해보자는 생각으로 무모할 것만 같은 결단이란 걸 내렸다. 그리고도 가끔은 과연 잘 한 일인가를 놓고 끊임없이 두 개의 나와 다퉈야 했고 그 때 마다 또 새롭게 마음을 다잡아야 했다. 앞으로도 더 얼마나 그런 소득 없는 갈등을 해야 할지 모르겠다. 이를테면 시험일이 공고되고 나면, 방금 들여다본 내용이 하얗게 백지처럼 되었을 때나, 오랜만에 옛 전우들을 만나 과거를 추억하면서 막걸릿잔을 기울이면서도 머릿속으로 혼자 국어학개론을 그려야 할 때면 어김없이 나와의 결론 없는 다툼을 하곤 한다.

올해 노벨 문학상의 수상자가 결정 되었다. 82세의 캐나다 여성 소설가인 엘리스 먼로 여사다. 그녀의 수상을 축하하면서도 솔직하게 말한다면 그녀의 인생 그녀의 작품세계 등에 관한 관심은 차차 알아볼 일이지만 지금에 입장에서 작은 위안을 받는다는 것에 고마움을 느낀다. 물론 그녀가 오늘의 영광을 차지하기까지 작가로서 삶의 여정은 무려 40여 년이 필요 했다지만 현재 그녀의 삶의 연륜에 비하면 그녀는 아주 한참 큰 누님뻘이 된다는 것이 더 기분 좋은 일이기 때문이다. 노벨상이 부럽다거나, 욕심이 있다는 얘기가 아니다. 다만 스스로 늦게 공부해 보겠다는 무모한 것 같은 나의 결정이 결코 늦지 않았다는 것을 그녀가 말없이 충고해주고 있다는 생각 때문이다. 그것은 어쩌면 나의 결정이 옳았다는 것을 증명해주는 것이라고 애써 아전인수로 생각하고 싶은 때문인지도 모른다. 지금의 그녀 나이에 대비한다면 내가 대학을 마치고도 한참을 더 살아갈 수 있다는 생각이고, 그에 비하면 내 생물학적 늙음이야 조족지혈鳥足之血이 아닐 수 없다는 자신감이 출석시험 준비를 하는 지금의 나를 격려해 주고 있는 것이다.

이제 스스로 늙었다고 엄살 부리지 않기로 했다. 처음의 시작할 때처럼 나이를 의식하지 않기로 했다. 내일 어떻게 될지는 아무도 모른다.

그 같은 진리는 젊은이나 늙은이나 똑 같이 해당된다. 남은 삶을 안타까워하기 전에 내게 남은 시간들을 어떻게 보람있게 만드느냐 만을 생각하기로 했다. 적어도 나와 같은 처지에 있는 사람들이 감히 엄두도 못 내고 있는 일을 지금 나는 하고 있지 않는가? 그것 하나만으로 충분하다. 성적이 조금 딸리면 그게 무슨 대수인가? 전력을 다해 달리다가 오버페이스 하고 주저앉는 것보다는 자신을 알고 자신에 맞게 페이스 조절하면서 달리는 것이 더 현명한 일일 것이다.

'가자! 천천히 그러나 열심히 가자. 나는 아직 청년일 뿐이다.' 라고 청년선언을 해야겠다. 다시 살아가는 나의 삶은 비록 머리 위에 만년설萬年雪을 이고 있다고 해도 시계바늘을 거꾸로 돌려놓고, 내가 살아온 지난 세월과 앞으로 남은 나의 삶을 향해 나는 자유로운 영혼을 가진 백발白髮의 청년靑年임을 선언한다.

엘리스 먼로 큰 누님 축하합니다. 그리고 고맙습니다. 멀리 한국의 한 젊은 문학도가 당신께 무한한 경의를 보내 드립니다.

내가 선택한 운명의 길

감동, 흥분, 터질 것 같은 가슴을 애써 달래며, 대학이라는 한없이 높아만 보이던 벽 속의 작은 씨앗이 된 지 반년이 되었다. 명색이 국문학을 공부한다면서 한 권의 책도 읽을 수 없을 정도로 정신없이 흘려보낸 180여 일이었다. 아직도 꿈속을 헤매기는 마찬가지 이지만 아주 조금은 알 것도 같고, 때로는 낯선 이국에 홀로 버려진 이방인 같기도 하여 생소하기는 여전하다.

'나 얼마나 더 있어야 그대를 알 수 있을까?' 하는 생각에 오히려 이제 초조하고 두려워지기도 한다. 스스로 선택한 길이지만 애초의 마음을 잃어버려 가끔은 무엇을 위해 왔는지 스스로에게 되묻기도 한다.

"참 대단한 결심을 했다."고 주위 사람들이 말할 때면 스스로가 대견하기도 했으나 이제는 끝까지 살아남아야 하는 전장의 병사와도 같은 절박한 심정이다. 그러나 다른 한편으론 그렇게 자신도 모르는 사이에 대학인이 되어가고 있을 것이라고 스스로를 위안한다. 스무 살 새내기 동생을 돌봐주듯 젊은 선배들의 알뜰한 보살핌이 큰 힘이 되어 한 학기를 대과 없이 보낸 것이 그나마 다행스러운 일이지만 "아직 멀었어. 이제 시작일 뿐"이라는 자신의 음성이 천둥처럼 들린다.

'무엇을 어떻게 해야 내가 목표로 했던 성과를 일구어 낼 수 있을까?' 하는 의문보다는 어떻게 하면 초심初心을 잃지 않고 시종일관할 것인가가 더 큰 무게로 다가온다.

금년엔 가까운 지인들이 하나, 둘씩 하늘의 부름을 받고 내 곁을 떠났다.

학교 공부한다는 이유만으로 그들과도 한참 소원했는데, 좀 더 익숙해지면 다시 예전처럼 자주 만날 수 있었을 터인데 그들은 기다려주지 못하고 그들의 길을 갔다.

내게는 '얼마나 더 살겠다고, 무엇을 하겠다고 스스로 고행의 길을 자초하느냐?' 는 화두를 숙제로 남기고 그렇게 떠나갔다. 나 저승 갈 때 지참할 이력서 준비하는 동안, 내가 아파하며 살아온 세월들을 이해하지 못한 그들은, 내가 대학에 다니는 이유를 알아 볼 생각도 하지 않고 홀연히 가버린 것이다. 어쩌면 그들의 말이 옳은지 모른다. 내게 남아있는 시간이 얼마나 된다고 이 한 여름에 비지땀을 흘려야 하는 것일까? 홀로 먼 길 떠나는 그들을 배웅하며 모든 게 부질없는 짓이라는 생각을 하게 한다.

적어도 지금은 그들의 말이 옳다. 그러나 내가 살아온 세월은 그들의 그것과는 너무나 달랐다. 분명한 것은 그들과 같은 시대를 살아 온 것은 틀림없는 사실이지만, 걸어온 길은 달라도 너무 달랐다.

그들이 삶을 만끽할 때 나는 어디서 무엇을 했던가. 그들이 알 리가 만무하다. 내 길을 겪어보지 못한 그들이 나의 찢어지는 마음을 어찌 안다고 할 수 있겠는가? 천형의 낙인처럼 이마에 주홍글자를 새기고 죄인 아닌 죄인으로 살아온 나의 세월의 길을 누가 감히 아는척 할 수 있는가. 배움? 아니다. 배움이 필요했던 것은 아니다. 학문적으로 지식을 쌓고 앎의 환희가 그렇게 대단한 것은 아니었다. 다만 내가, 이 사회가 원했던 것은 개도 물어가지 않는 한 장의 종잇조각에 불과한, 금빛 수실로 아로새긴 학력증명서라는 것을 원하고 있었을 뿐이다. 도대체 그 괴물이 무에 그리 대단하기에 내 삶을 송두리째 갉아 먹었을까. 누가 알랴 불빛 없는 칠흑의 밤에 낯선 골목길에서 비명 같은 통곡으로 울음을 삼키며 육체적으로 성숙한 사내의 갈가리 찢어져 황폐해진 마음의 고통을, 그것이 내가 대학을 선택한 처음의 마음이 아니었던가.

내 마음의 상처를 나와 함께 아파해주었던 유일한 사람은 내 어머니였다.

2005년 94세를 일기로 한 많은 이세상의 삶을 접고 당신 오신 곳으로 훌쩍 떠나가신 내 어머니는 못난 아들 앞에서는 언제나 죄인이었다. 외아들을 남들처럼 학교에 보내지 못했다는 죄의식은 어쩌면 당사자인 나보다 더하면 더했지 모자라지 않았다. 내가 아파할 때 어머니의 머리칼은 하얗게 탈색되어 갔고, 내가 방황할 때 어머니의 이마엔 밭고랑 같은 주름이 늘어 갔다.

나 젊은 어느날 성냥갑처럼 다닥다닥 붙은 판자촌 지붕 위에서 석유통을 끌어안고 통곡할 때 내 어머니의 허락받은 수명은 10년이나 단축되었을 터였다. 세속의 욕망을 모두 접고 평안한 마음으로 떠나시면서 못난 아들의 손등에 남긴 한 방울의 영롱한 진주는 마지막 남은 회한의 눈물이었다. 그 눈물의 의미가, 그 회한의 한 방울은 마침내 2010년 나를 방송 고등학교로 인도했다. 내 나이 예순다섯 때의 일이다.

'고등학교라도 졸업 했더라면…….' 어머니의 입버릇이 결국 이 아들을 고등학교로 이끌었고 마침내 대학문턱을 넘어서게 해 주었다. 결국은 어머니의 뜻이 아니던가.

이제야 다시 찾은 것 같다. 내가 선택한 길은 내가 짊어지고 삶의 종착을 향해 걸어야 할 운명의 길이었다. 그 운명의 길을 가로 막았던 상아탑의 문이 활짝 열려 기다리고 있는데 무슨 걱정이 그리 많으냐고 어머니가 걱정하신다.

정재걸 교수는 그의 저서 〈죽음교육〉에서 '죽음은 삶의 완성을 위한 것' 이라고 갈파했지 않은가. 시작할 때 이미 생물학적 나이는 예순을 훌쩍 넘어섰지 않은가. 내 길을 가다가 하늘의 부름을 받는다고 해도 후회없이 가기로 했던 마음이 바로 나의 초심初心이었거늘 흔들려서는 안되는 것 아닌가.

여기까지 오는 동안의 세월 속에 아직도 못해 본 것이 있었던가? 살아오는 동안 죽음을 두려워했던 일이 있었던가? 무슨 걱정이 그리 많단 말인가? 교만해졌는가? 겸손을 잃었는가?

이제 흥분을 가라앉히고 처음으로 다시 돌아가는 거다. 이제부터 시작이라는 것을 잊지 말자. 수없이 반문하고 스스로 답하면서 마음을 추수른다. 내 어머니 앞에 당당하고 자랑스러운 아들로 서기 위해서 쉬지 않고 그러나 서둘지 않으며 가리라 내 운명이 준비한 길을, 생사의 기로에서도 의연하게 살아 돌아왔지 않은가.

우리 대학의 구성원들은 다양하다. 저마다 다른 사연을 가지고 있겠지만 그러나 비슷한 아픔을 공유하고 있다는 것을 느낀다. 동병상련同病相憐의 아픔도 함께 나눌 수 있는 학우며 동문이다.

학업을 위한 선의의 경쟁이야 얼마든지 해도 나쁘지 않다. 서로 사랑하며, 서로를 존중하는 마음으로 서로에게 가깝게 다가가야겠다. 내가 겪은 대학생활 만큼 지나면 또 다른 나와 닮은꼴 후배들이 생기게 될 것이다. 내가 선배들에게 받은 큰 사랑으로 후배들에게 돌려줘야 할 책무가 남아있다.

내가 흔들려서야 되겠는가. 험산에 고송古松처럼 의연하게 비바람을 막아주는 좋은 선배가 되어보아야 겠다.

조 태 식

추석여행

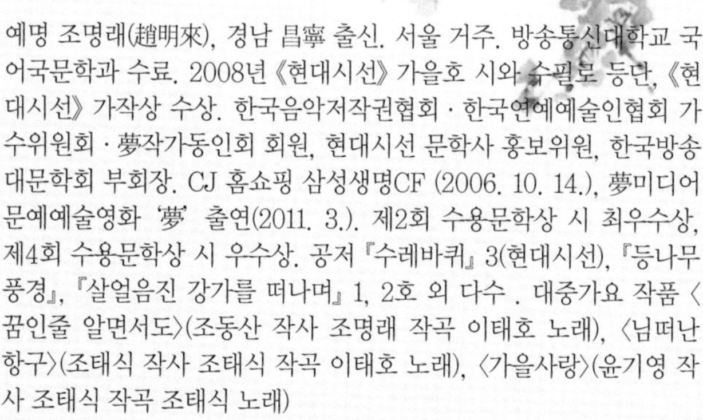

예명 조명래(趙明來), 경남 昌寧 출신. 서울 거주. 방송통신대학교 국어국문학과 수료. 2008년 《현대시선》 가을호 시와 수필로 등단, 《현대시선》 가작상 수상. 한국음악저작권협회 · 한국연예예술인협회 가수위원회 · 夢작가동인회 회원, 현대시선 문학사 홍보위원, 한국방송대문학회 부회장. CJ 홈쇼핑 삼성생명CF (2006. 10. 14.), 夢미디어 문예예술영화 '夢' 출연(2011. 3.). 제2회 수용문학상 시 최우수상, 제4회 수용문학상 시 우수상. 공저 『수레바퀴』 3(현대시선), 『등나무 풍경』, 『살얼음진 강가를 떠나며』 1, 2호 외 다수 . 대중가요 작품 〈꿈인줄 알면서도〉(조동산 작사 조명래 작곡 이태호 노래), 〈님떠난 항구〉(조태식 작사 조태식 작곡 이태호 노래), 〈가을사랑〉(윤기영 작사 조태식 작곡 조태식 노래)

Mobile : 010-5478-4755 E-mail : jts261@hanmail.net

카페:조태식 음악 영화 시 http://cafe.daum.net/jtsmusic2009

추석여행

조 태 식

올해에도 예전처럼 추석 명절이 코앞에 오고 있었다.

고향 부산 KTX 예약 때문에 고생을 많이 했다. 힘든 밤샘 야간일을 하고 한숨도 못 잔 채 06시에 서울역에 도착하여 그 많은 사람들과 줄을 섰고 기다려야만 했다. 큰 뉴스거리라 방송국에서는 제각기 우리 손님과 인터뷰를 하려고 다가오기도 했다. 나의 옆 사람과 인터뷰 요청을 하고 거절을 받으니 다른 곳으로 가버린다. 나에게는 요청을 안하고, 기대했는데…….

약 3시간 정도 기다린 후 예매를 하고 집으로 돌아왔다.

어느덧 부산으로 하향하는 날 2013년 9월 18일 오후 5시 서울역 KTX 열차를 탔다. 첫 번째 역 광명역 5시 15분 도착. 열차 여행을 하면서 우리 이웃 엄 위원에게 안부전화를 하고, 조금 있으니 사촌 여동생 정숙이 안부전화도 받았다.

이렇게 명절에는 가족과 친척 친구를 찾는 날이기도 하다. 또 지인 조 선생님께 안부 메시지도 전하고…….

현재 열차는 부산까지 2시간 30분 걸리지만, 아침 첫차 08시 때는 2시간 10분 때도 있다고 열차 승무원이 알려주기도 했다.

사촌 정숙이는 부산에서 서울 상경 때는 신림동 자기 집에 들려서 가라고 말했다. 고향 이야기도 듣고 과일과 반찬도 주려 한다고 했다.

어느덧 두 번째 역 대전역 17시 58분 도착, 세 번째 역 김천 구미역 18시 29분, 네 번째 역 동대구역 18시 57분, 다섯 번째 울산역 19시 24분, 마지막 끝 도착지 부산역 19시 48분 도착했다.

부산역 도착하여 택시로 가려다가 보고 듣고 경험 삼아 전철을 타기 위해 지하철로 내려갔다. 차표를 사려니 동전이 있어야 하고 몹시 불편했다. 서울에는 카드만 기계에 대면 입구가 열리는데…….

옆 사람에게 이야기하여 겨우 표를 기계에서 빼고 부산역에서 노포행을 탔다. 서면역에 내려 장산행으로 바꿔 타고 경성대에 내려 3번 출구를 나왔다. 마을버스 한 번 타고 다섯 번째 정거장 유진화확 정류소에 내려서 대연 3동 형님 집으로 들어갔다.

지하철과 마을버스를 타고 이런저런 시간이 꽤 많이 걸렸다. 바로 택시를 탔으면 고생 안하고 갔을 텐데, 후회의 마음도 스치기도 했다.

도착하여 형수님이 챙겨주시는 식사를 하고 조금 있으니 창원의 현근 중간 조카가 왔다.

오랜만에 가족을 만났기에 이런저런 얘기를 하다가 취침을 했다.

추석날 아침 09시쯤 서울에서 은행에 다니는 막내 조카가 도착했다.

곧 풍성한 추석 과일을 상에 올려놓고 차례를 지냈다. 증조 할아버지, 할아버지 제사를 지내고 큰 형님은 마지막에 따로 지냈다.

제사 후 가족들 모여 식사를 하고 또 오랜만에 기념 촬영도 하고, 조금 후 옛친구 인수한테 전화했는데 받지 않아 고향 친구 연술이 한테 전화를 걸었다.

바로 반가이 받아주었고 이곳을 이야기하니 바로 달려왔다. 조카는 집이 누추하다고 데리고 오지 말했지만 연술이는 괜찮다고 하면서 우리집으로 들어갔다. 연술이는 형수님께 인사하고 이런저런 40년 동안 고이 간직한 못다한 옛이야기들을 많이 했다. 과거가 새록새록 하였음을 느꼈다.

간단한 커피 한 잔을 마시다가 연술이는 서울 아들이 곧 부산에 도착하기에 마중 나갔다 다시 오겠다고 했다. 몇 시간 후 연술이의 전화는 우리 형수 조카 질녀 다 같이 식사하러 가자고 했다.

형수님께 애기하니 미안하다면서 안 간다고 하여 연술이가 직접 집에 들어가 형수님 조카 질녀와 다 같이 나왔다. 친구의 화통한 성격이 언제나 마음에 들었다.

친구의 BMW 외제차를 타고 바닷가로 나갔다. 이렇게 좋은 차를 타보는 것도 오랜만이기에 기분이 두둥실 뜨는 기분이다.

바다가 보이는 용호동 물횟집으로 안내했다.

친구 때문에 물회를 맛있게 먹고 드라이브코스 오륙도로 향하여 사진을 찍었다. 바다 멀리 해양대학교가 보이고 태종대가 보이는 곳 이렇게 부산에 반겨주는 다정한 친구가 있는데 진작 일찍이 못 만나고 찾지 못한 내가 무척이나 지나간 시간의 아쉬움이 나의 머리에 뱅글뱅글 돌기도 했다. 바다가 보이는 아름다운 곳에서 우리는 추억의 사진을 찍고, 용호동 둘레길을 한 바퀴 돌아서 내려와 대연3동 연술이의 집 대문까지 보여 주었다.

새집을 건축하려다가 어떤 불미스러운 일로 취소했다고 말했다. 또 머지않아 다른 곳으로 이사를 한다고 했다. 아마 지금쯤 친구는 이사를 했는지도 모르겠다. 대문 쪽 우뚝 선 큰 나무가 인상적이었다.

동네를 돌아 우리 조카 집에 도착, 친구와 인사를 하고 친구는 집으로 돌아갔다.

아~ 잊지 못할 부산의 멋지고 아름다운 친구와의 즐거운 추석이 되었다.

조카 집에 도착하여 형수님, 조카, 질부와 커피 한 잔을 마시고 즐거운 오늘의 얘기를 나누고 취침에 들었다.

이튿날 아침 07시에 기상하여 세수하고 식사하고 커피를 마셨다.

몇년 전 다대포 있을 때는 바닷가에 자주 나갔는데 이곳 대연동으로 이사 온 후 바닷가 나가지 못하고 방에만 있게 되었다.

오후에는 벌써 서울 상경 준비를 했다.

서울행 17시 30분 큰 조카가 자가용으로 부산역까지 태워다 주었다. 다음 설날에 만날 약속을 하면서 조금 일찍 부산역에 도착하여 맴버십 쉼터에서 더위를 피했다. KTX 164-16호 차 1C호석(순방향) 좌석에 앉아 오늘의 이 수필 메모를 한다.

부산역 출발 17시 출발 서울역 도착은 19시 48분, 2시간 48분이 걸렸다.

열차에서 막 내려 계단을 올라가는데 신림동의 사촌동생 정숙이가 전화로 "오빠 ~신림동으로" 들리라고 하여 서울역에서 4호선 전철을 타고 사당역에서는 2호선 갈아타고 신림역에 도착해 6번 출구로 나와 사촌 여동생 정숙이 집에 들렀다.

여동생은 반가이 맞아주었고 내가 "며칠 후 임대아파트 들어간다."고 하고 얼마의 돈이 모자란다고 하니 "오빠~ 그냥은 안 대고 빌려준다."고 하니 더더욱 반가운 마음이다.

사촌 여동생이 최고 구세주인 것이다. 기쁜 일이다.

정숙이가 맛있게 정성껏 차려주는 저녁을 먹었고, 또 반찬과 과일 등 많은 것을 소형 리어카로 큰 도로까지 실어주고 용돈과 택시비까지 주었다.

무거워서 전철 못 타고 택시를 타고 송파동 집으로 왔다.

나의 어릴 때의 생각은 남을 많이 도우려고 생각했는데, 그 뜻을 이루지 못하고 이렇게 내가 도움을 받고 있으니 사람의 일이란 마음과 뜻대로 안되는 것인가 본다.

과일과 반찬이 너무 많아 적은 냉장고에 다 넣지 못할 정도다.

집 도착은 밤 10시 30분…….

2013년 추석날.

이 건 원

안녕

法名 徹善, 1944년 전남 영광군 묘량면 출생. 한국방송통신대학교 국문학과 재학중, 방송대문학회 · 종로구 이화마을 작은도서관 회원, 한국윤리학회 · 대한수리논리학회 종신회원, The American Mathematical Society Life Member, 국가유공자. 1977년 8월 22일 서울대학교 공과대학 철학강사 이후 서울의 여러 대학에서 강의함. 저술 『다수언어상황에서의 의미론 』(상조사 1980), 『Semantic Base for Scientific Theory』(Hahn-Shin Pub, Co. 1987). 공저 및 번역 『논리연구 』(문학과 지성사), 『문제를 찾아서』(종로서적), 『현대철학의 쟁점은 무엇인가』(심설당), 『언화행위』 (한신문화사).
연락처: 010-2332-6218

안녕

이 건 원

학교를 아주 늦게 떠나는 기분이다. 통신대학교 졸업반이라는 이유 뿐 아니라, 내가 서울에 온 것이 대학 진학 때문이었고, 여러 인연으로 학교에 남아서 학교 주변의 행사에 참석하고, 그래도 우리가 대학원에 갔을 때에 불렀던 노래처럼 '잘살아 보세!' 라는 노래가사가, 지금도 나의 귓전을 울리는 것 같은데, 벌써 노인이 되어서 학교를 떠나야 한다는 생각을 하게 되었다.

실은 최근에 여러 가지 약속을 지키지 못하였다. 큰 이유가 없는 한은 약속을 지킨다는 것이 나의 평소의 생각이었으나, 하루는 집에 있었다.

저녁 때 양말을 신지 않고 신발을 신고 외출하였다가, 아침에 보니 발등에 조그마한 흔적이 남아 있는 것을 보고 테이프를 붙이고 과제물을 입력하고 나서 보니, 발등이 부어서 집에서 쉬었다. 조금 좋아져서 약간의 출입은 하지만 좋지 않아서 같이 여행하지 못한다는 말을 하면서, 사람이 하고 싶어도 할 수가 없게 되는 경우가 있다는 것을 실감하였다.

1963년에 서울에서 살기 시작한 것이 학교에 다니기 위한 것이었다. 이 통신대학의 본부로 나 있는 길을 따라 다녔었다. 지금의 초등학교 정문 쪽이 그 때에 법과대학 정문이었고, 그 길로 학교에 들어오자면, 지금이 도서관 금방으로 나있는 길을 따라서 우중충한 강의실들이 사용하지 않아서 빈집 같던 옛날 공업전문터를 지나면, 구름다리를 거쳐서 대학본부 건물을 지나 문리과대학에 갈 수가 있었다. 이런 식으로 학교에 드나들던 것이 4년 간 이 연건동 대학이었고, 그 자리에 지금 통신대학이 있어서 나는 이 도서관에 오는 것을 옛날에 학교에 나오는 기분으로 나오곤 하였다. 특히 수 십 년간을 이 곳 등나무 그늘을 좋아하였었다.

내가 구태여 이러한 이야기를 하는 것은, 발등이 부어있는 것을 본 마을 어른이, "그것이 파상풍인 모양인데 죽을지도 모르니 병원에 가라."는 말을 들어서는 아니다. 집에 하루 나가지 못하고 있으면서, 내가 이번 학기를 마지막 학기라고 과제물을 제출한다고 다녔기 때문에 덧나서 여러 생각을 하게 하였다.

상당히 자유스럽게 사는 나는 그저 학교가 좋아서 학교에 가는 처지인데, 출입이 어려워서 집에 있자니 통상의 통계에서 말하는 것을 실감하게 된 기분이었다.

염려하지 않고 사는 것이 좋다는 설교를 들으며, 염려하지 않으려 하지만 '이제 앞으로의 일에 신경을 써야 하지 않겠는가' 하는 생각을 하여 본다. 지난번 여름에 중국에 가서 말하였던 글을 그대로 보고하기는 그렇고 하여서 별도의 글을 쓰기 시작한 처지여서 '이렇게 느리적거릴 수가 없다.'는 생각도 들어서 조금은 불친절할지라도 마무리하여 보냈다.

이번 여행에서 중국의 인촨시의 서점에서 구한 올해 출판된 《주역정해》를 들춰 보다가 "역에는 모든 것이 변하는 그 시간의 흐름은 변하지 않는다."는 말이 생각이 난다. 이 시간의 흐름이라는 '불역不易'이 있다는 말이 아주 실감나게 느껴진다.

한편으로는 요즈음 모두가 잘 살아서인지 앞으로 더 살아야 한다는 생각도 하여 본다.

이번에 교수가 한 대학교에 50년 있었다는 것을 기념하는 행사를 인터넷으로 보았다. 버클레이대학에서 이번에 50년 근무한 것을 기념하는 행사에 설 교수가 그의 철학 중의 '심신철학'을 청중들에게 말하는 동영상을 여기 서울에서 볼 수가 있었다. 나는 그의 동영상을 보고 반가워서 인터넷에 글을 남겼다. 당시 나의 지도교수 크레이그 교수가 지금도 명예교수로 명단에 있었고, 설 교수의 동영상을 볼 수가 있어서 반가웠다.

내가 그의 책 『언화행위』를 번역하여 이 도서관에 있는 것을 보고, 사람들이 나의 일들 중에서 이 일을 기억하고, 나의 저술은 이 도서관에 없는 것을 보고, 학교에서 우리의 일들을 평가하는 모습이라고 느꼈다. 이 책에 이 번역을 도와주신 영문과의 석경징 교수의 업적을 명기하고 있었다.

이 곳 대학로는 나에게 서울에 살도록 하는 계기가 되었고, 내가 한 일들이라고 하는 것은 주로 학교에서 강의를 듣고, 또 강의한 것이었다고 하여야 할 것이다. 그런데 이 책이 있는 것을 보니, 영미철학을 강의하였다는 것으로 기억되는 듯하였다.

그러나 나는 나의 생각을 말하고야 말겠다는 생각으로, 이번에 글을 학과장께 보냈다. 최근의 중국 여행에서 이 철학을 말하고 논의하는 기회를 제공하기도 하여 이글을 보냈다. 나의 서울생활 차라리 대학교에서의 생활은 약간은 추상적인 어린 시절의 생각에 따라서 시작하였었고, 지금까지 2013년까지 이어져 오고 있다.

어떤 여학생이 나에게 나의 생애를 어떻게 평가하느냐는 설문지를 작성하여 달라고 해서 보자니, 스스로 자신의 생애를 성공적이라고 생각하느냐는 질문이 있었다. 내 기억에 나는 성공적이라고 생각한다고 답하였던 것 같다.

내가 일 년 동안 서울대학교의 강의 계획을 다른 선배께 미루고, 그 당시에 중요하다고 생각되는 도시 새마을 운동에 참여한 기억이 난다. 이런 저런 일들을 하고 일 년이 다되어 가자, 여직원들이 영어공부도 하고 싶다고 하여 공부반을 만들고 인사를 하였던 기억이 난다. 그 때에 내가 한 말이 "나는 덤으로 산다는 생각을 한다."고 하였던 것 같다. 나는 유난히 철이 없는 아이었다고 기억한다. 대 가족에 형님 누나가 있어서 거칠게 놀다가 어른들의 염려를 듣기를 자주 하였다. 그 후에도 자주 겁 없이 사는 어린 아이 같은 젊은이이기도 하여서 나는 이러한 말을 하였던 것 같았다.

내가 어려서부터 들어온 同源道理라는 말을 믿으며 나의 주변의 말을 모아서 이번에 내가 나의 떠나는 말로 '안녕!' 으로 글을 쓴 것이 이러한 것이었다.

학교를 떠나는 것이 시작이라고 하는 말을 기억하지만, 너무나 늦어서 시작이라고 하기보다는, 어찌하던 새로운 삶이되기를 바랄 뿐이다. 이 삶이 곧 죽음을 앞에 둔 삶이라는 무거운 생각으로, 또 한해를 보낸다.

민 문 자

가족의 소중함

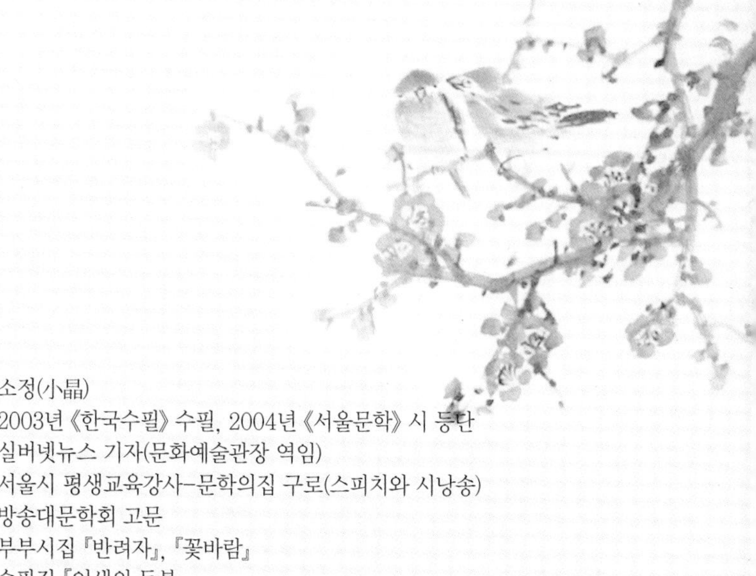

소정(小晶)

2003년 《한국수필》 수필, 2004년 《서울문학》 시 등단

실버넷뉴스 기자(문화예술관장 역임)

서울시 평생교육강사-문학의집 구로(스피치와 시낭송)

방송대문학회 고문

부부시집 『반려자』, 『꽃바람』

수필집 『인생의 등불』

서재 http://민문자.시인.com

연락처 : 010-5256-4648

이메일 : mjmin7@naver.com

가족의 소중함

민 문 자

오늘은 가족의 소중함에 대하여 말씀드리겠습니다.

당신은 이 세상에서 무엇이 가장 소중하다고 생각하십니까?

저는 가족이 가장 소중하다고 생각합니다.

부모와 자식과의 관계, 형제 자매 간의 관계, 이런 가족이 얼마나 소중한지 우리 함께 생각해 봅시다.

'하나님은 모든 곳에 계실 수 없기에 어머니를 있게 하셨다.' 는 말이 있습니다. 어머니의 역할이 하나님이 하시는 일을 대행할 만큼 소중하다는 뜻에서 나온 말일 것입니다. 우리는 누구나 어머니로부터 탄생하여 가족의 일원이 되었습니다. 그러므로 자연스럽게 가정의 중심역할을 하는 아버지와 어머니는 가족에게 절대적으로 신앙과 같은 애정과 믿음의 존재입니다.

어머니는 항상 내 자식 잘되라고 기도를 합니다.

때로는 아무도 안 믿어주는 세상에서 어머니는 자녀들을 믿어주고 용기를 심어줍니다. 자신을 위하여 밤낮으로 기도하시는 부모가 기다리고 계신다는 확신이 있으면 일시적으로 방탕하고 방황하는 자식이라도 반드시 제자리로 돌아올 것입니다.

그러므로 어머니의 기도가 있는 자녀는 절대 망하지 않을 것입니다.

두레교회로 유명한 김진홍 목사도 중고등학교 학생 시절에는 품행이 좋지 못하였다고 합니다. 교과서를 팔아 영화관에 가고, 4번이나 가출하여 2년 가까이 온 나라가 좁다 하고 떠돌아다니곤 하였답니다.

한번은 외삼촌들이 어머니에게 김진홍 목사의 흉을 보는 이야기를 우연히 듣게 되었습니다. 외삼촌들은 김진홍 목사가 문밖에서 듣는 줄도 모르고 어머니께 말하였습니다.

"누님, 진홍이는 인간이 안 되겠어요, 학교는 안 가고 영화관에나 가고 책은 늘 소설 나부랭이나 읽고 그 아이는 장래성이 없어요"

이 말을 들으신 어머니가 답하였습니다.

"걱정하지들 말게. 우리 진홍이는 꿈이 있는 애야, 꿈이 있는 아이는 그릇되지를 않아, 난 그 애를 믿는다."

당시 이 말을 들은 김진홍 목사는 '아! 어머니는 나를 믿어 주시는구나. 어머니의 믿음이 헛되지 않게 하려면 내가 정신을 차려야겠구나!' 이렇게 다짐하고 이발소로 가서 머리를 싹 밀고는 인생을 다시 시작했습니다. 그래서 오늘의 김진홍 목사로 거듭나게 되었습니다.

우리는 부모의 신뢰와 격려의 바탕에서 이만큼이나마 살아온 것입니다. 아무리 어려운 일이 있더라도 이렇게 가족의 소중함을 다시 깨닫고 부모에게 효도하고 형제 간에 우애하는 사람으로 살아가야 하겠습니다. 예로부터 '효孝는 백행百行의 근본이라.' 하였습니다.

사람의 인연을 설명할 때 우리는 '겁' 이라고 합니다. 사방 16km가 되는 큰 바위 하나가 있는데 그 바위를 백 년마다 한 번씩 옷자락으로 스쳐서 그 바위가 모두 닳아 없어지는 시간을 1겁이라고 합니다.

8천겁의 인연이 쌓여야 남남인 사람이 서로 부부의 인연을 맺을 수 있고, 9천겁의 인연이 쌓여야 형제나 자매로 태어나고, 1만겁의 인연이 쌓여야 부모와 자식 간의 인연을 맺는다고 합니다.

우리는 이렇게 소중한 인연이 맺어져 부부와 형제가 되고 자매가 되었습니다. 그 인연을 소중하게 생각해야 하겠습니다.

오늘은 가족의 소중함에 대하여 말씀드렸습니다.

이 순 애

순찰중
잊을 수 없는 감사
기대고 산다

충남 논산 출생
《문파문학》 신인상 시, 수필 당선 등단
한국문인협회 회원
한국수필가협회 회원
문파문학회 회원
시계문학회 회원
방송대문학회 회원
한국방송통신대학교 국어국문학과 졸업
한국방송통신대학교 문화교양학과 재학중
공저 『바람이 창을 두드릴 때』 외 다수
연락처 : 010-4187-7232

순찰중

이 순 애

죽마고우란 말은 참 따뜻하다. 어려운 시절을 함께 했던 친구들이라 추억이 많아 만나면 마음이 물결처럼 출렁거린다. 하찮은 것에도 감동적이다.

오늘은 초등학교 동창모임이다. 볼일이 일찍 끝나 모임 시간에는 너무 이르다. 약속장소 근처 어느 빌딩으로 들어가 본다. 일층과 이층 사이 돌아가는 공간에 서너 뼘 되는 책상과 의자가 보인다. 책상 위에는 〈순찰중〉이라는 글씨가 종이에 쓰여 세워져있다.

잠시 주위를 살펴도 그 책상에 앉는 사람이 없다. 의자에 가서 앉으니 벌렁 뒤로 넘어질 듯 불안하다. 겨우 앉아 가방에서 노트를 꺼낸다. 지하철에서 쓰다만 글을 완성하려 골똘히 생각 중이다. 정신없이 써나가느라 사람들의 발걸음이 잦지만 별로 신경 쓰지 못한다.

갑자기 어느 신사가 "여기가 이 층인가요?"하고 손가락으로 가리키며 묻는다. "네!" 대답하고는 '1층 위가 2층인 것을 모르는 사람도 있나?' "수위는 '순찰중' 인데요." 속으로 말한다.

한참 후 지나는 발걸음이 멈춘다. 쳐다보니 앞 사무실에서 근무하는 젊은이들이 '수위가 바뀌었나?' 싶어 하는 눈치다. 나도 눈치로 '수위는 〈순찰중〉' 글을 써나간다. 더 이상 묻거나 하지 않고 지나간다. 한참 열심히 써나가면서도 이 자리의 주인은 언제 올까 신경이 조금은 쓰인다.

이때 어느 중년의 남자가 "화장실이 위에 있나요?" 하고 묻는다. "그런 것 같은데요."하며 수위는 '순찰중'. 사람이 앉아 있으니 '순찰중'을 '근무중'으로 볼 수 있겠다는 생각이 든다. 글을 빨리 쓰고 일어나자고 마음먹을 때 주위가 시끌시끌 아가씨들 서너 명이 지나다 멈칫 거리며 자기들끼리 "경비가 여자?"라고 얘기한다.

경비는 '순찰중'. '여자가 경비라 이상한가?' 선진국에서는 여군이 전투에 참가하는 중인데 경비가 여자면 어떠하랴. 평생 남자가 할 일을 하고 살아서인지 오히려 여자 경비가 매력적인 직업인 듯하다. 내가 젊으면 경비도 한 번 해보고 싶은 호기심이 발동한다.

협소한 곳이긴 하나 내 월급으로라도 좀 아담한 테이블을 사다 놓는다. 책임감을 다하는 당당한 최고의 경비가 된다. 빈 책상이 지키는 '순찰중'인 종이를 외롭게 하지 않겠다는 생각이다.

한 시간이 넘었다. 이 자리의 주인이 오면 놀라겠지. 누가 남의 자리에 버젓이 앉아 주인행세를 하는지 기분이 안 좋을지 모른다. 나는 얼른 일어나 90도로 허리를 굽혀 "'순찰중'이시라 잠깐 실례 했습니다."라고 정중히 인사 올려야지. 그러나 순찰중은 쉽사리 근무중으로 돌려 놓이지 않는다.

친구들과의 약속시간이 다가와 자리에서 일어서며 빈자리에게 “고맙다 잘 있다 간다.”고 중얼거리며 일어선다. ‘순찰중’ 전화 000~ 만남아 돌아서는 나를 아쉬운 듯 물끄러미 바라본다.

약속 장소에서 두 달 만에 친구들을 만난다. 한해를 넘겨서인지 오랜만인 것 같고 20여 명 거의 모두가 칠십을 넘나드는 나이이다. 다들 건재하다. 나라에서 몇 손가락 안에 드는 회사의 CEO로 외국에서 삼년여 지내다 며칠 전 귀국한 친구는 오랜만이다. 친구들이 더 젊어졌다고 반가워한다. 많은 친구들이 아직도 주어진 자리에서 최선을 다해 열심히 활동하고 있어 존경스럽다. 나처럼 공부하는 친구도 있다. 나는 대학에서 공부하지만 그 친구는 대학원에서 사회학을 공부한다. 사회복지사가 꿈이다. 그의 꿈이 이루어지길 기도한다. 친구들을 보며 나를 돌아본다.

내 인생은 어디쯤 순찰중 인지를…….

살아 온 과거에서 현대까지의 이야기가 나온다. 어린 시절에 함께했을 뿐 걸어온 길이 다른데 대화에 걸림이 없다. 배고픈 시절을 살았어도 행복지수가 높은 시절을 살았던 덕택이 아닌가 하고 감사한다. 앞만 보고 온 친구들에게는 ‘순찰중’이란 공백 없이 달려온 것이다. 즐거운 식사와 화기애애한 분위기 속에 대화가 이어진다. 그 중에 엉뚱 맞게 가당치 않은 농담으로 폭소를 일으키는 친구도 있다.

말기 암으로 수술한지 벌써 7년 되었다. 사경을 헤매일 때 너무나 안타까웠었는데 해외로 다니며 사업 중으로 건강하다. 선거 투표를 할 겸 들어왔다니 반갑기 그지없다. 스트레스가 확 풀렸다.

지난해 결산과 감사 보고까지 끝나도 채 두 시간이 안 걸린다. 감사를 맡느라 애쓴 친구가 과일까지 가져왔다. 정성을 다해 준비해 온 과일을 먹으며 따뜻한 우정을 다시 한 번 느낀다. 다음을 약속하며 일어선다.

발걸음을 옮기다가 '순찰중' 이던 빌딩을 지나며 미소 짓는다. 우리의 여정과 달리 아직도 '순찰중' 이다.

'우리 세대가 숨가쁘게 살았으므로 지금의 세대는 여유롭게 〈순찰중〉으로 살아가고 있는지 모른다.' 고 너그럽게 생각해 본다.

기분 좋은 하루로 오늘 해가 저문다.

잊을 수 없는 감사

대지를 촉촉이 적시는 비는 감사하다. 땅속의 모든 생명이 꿈틀거리고 만물이 소생하리라는 기대 속에 감사를 느낀다. 마당가의 작은 풀꽃 한 송이를 피우기 위한 한 줌 햇살도 고맙기는 마찬가지다. 시원한 바람에 꽃향기가 전해지면 심호흡과 함께 뱃속까지 달콤해 감사하기 그지없다. 우리는 안개 같은 세월의 강물 속을 헤엄치며 산다.

그래도 명절 때면 철새들이 한 둥지에 모여들듯 고향집에 모여든다. 같은 핏줄임을 확인하고 그리웠던 마음의 회포를 풀게 되어 감사한다. 어린 손자들이 재롱을 부리며 즐겁게 뛰노는 모습을 보면 자손들의 무탈함에 무한한 행복과 감사를 느낀다.

오늘 살아 있다는 것에 감사를 느낀다.

명절 연휴가 끝나고 감기 기운에 몸이 나른해 졌다. 운전석 옆 보조석에서 안전벨트를 매고 살짝 잠이 들었다. 꿈속에서 번개 같은 벼락 치는 소리와 함께 알 수 없는 충격에 눈을 떴다.

차의 범퍼는 쥐었다 놓은 듯 구겨져있고 유리창은

가루가 되어 있었다. 상대방의 중형차도 다를 바 없었다. 엔진에서는 연기가 나고 있었다. 가슴속의 장기도 유리조각처럼 산산이 조각나서 연기같이 타오르는 것 같고 숨이 가빴다. '나는 이 세상 사람이 아니 구나' 하는 생각이 들었을 때 "주님 감사합니다."하고 기도했다.

언젠가부터 나의 기도는 죽을 때 나의 죽음을 알 수 있게 해 달라는 것이었다. "언제든 주님이 부르시면 '예' 하고 따라가겠습니다. 그러나 제가 알게 모르게 지은 죄를 회개할 수 있도록 기회를 달라"는 것이었다. 기도를 들어 주신 하느님께 마지막 감사를 드릴 수 있어 더없는 행복을 느끼는 순간이었다. 그러면서 '죽는 사람도 한 번은 일어났다 죽는다.' 는 생각이 떠올랐다. 기적처럼 안전벨트가 풀어지고 도롯가로 나뒹굴듯 쓰러져 누웠다. 영하 10도를 오르내리는 날씨에 가슴을 움켜쥐고 온몸을 떨며 죽어가는 것을 알 수 있는 것에 대한 감사를 했다.

내 손을 포근히 감싸는 봄 햇살처럼 따뜻한 손길을 느꼈다. 이제 천사의 손길이 나를 이끌어 가는구나하고 감사했다. 눈을 떴을 때도 천사였다. 하얀 피부에 앳된 얼굴의 그 아가씨는 얇은 셔츠만을 입은 채 털 점퍼를 벗어 나를 덮어주고 손과 발을 주무르고 있었다.

"괜찮을 거예요"하는 그녀에게 "나는 죽어도 괜찮아요. 다른 사람은?"하고 물었다.

"괜찮아요, 걱정 마세요." 할 때 더 바랄 것이 없다고 생각하며 감사했다.

내가 이렇게 보호 받을 만한 일을 하고 살았던가? 나라면 이럴 수 있을까? 어려운 사람의 마음에 잊을 수 없는 감동을 준적이 있었나? 하는 생각을 하며 한없는 은총을 느꼈다.

그리고 이제는 빨리 죽게 해달라고 기도 했다. 더 이상 고통을 참을 수 없고 참을 의미가 없다고 생각했다. 생명은 끈질긴 것이었고 40여 분 동안 119구급차가 올 때까지 나를 지켜주다 떠나보내는 그녀에게 연락처를 알려 주었다. 내가 아닌 다른 사람이라도 알게 되면 대신 감사하리라 생각했다.

병원 응급실에서 사경을 헤매며 많은 검사를 했다. 나의 고통과 관계없이 생명에 지장이 없다는 결과가 나왔을 때 다시 태어나게 해주신 하느님께 감사드렸다. 나는 또 하나의 기적을 보았고 나를 돌봐준 천사를 보내주심에 감사드렸다. 맑은 영혼을 갖은 그녀는 온 세상을 아름다움으로 물들여 사랑이 무엇인지를 실천으로 보여주었다.

다른 사람의 마음에 별빛으로 남아 잊히지 않는 감사로 살아갈 것을 일러주고 떠나간 그녀에게 다시 한 번 감사드렸다.

기대고 산다

마당의 백일홍이 한창이다. 정원에는 목백일홍이 흰색 분홍색 보라색으로 가득 피어 서로 어우러졌고 화단에는 꽃백일홍이 빼곡히 피었다.

지난해는 꽃백일홍을 드문드문 심었다. 바람이 불면 쓰러져 일일이 하나씩 묶어 주어야 했다. 금년에는 어느 정도 가깝게 심어 서로 기대고 어우러져 쓰러지지 않았다. 여러 형제들이 서로 사랑스러워 어린 동생을 잡고 얼굴에 뽀뽀하고 손등을 부비듯이 한다. 머리를 맞대어 보다 살짝 돌리며 장난 끼가 발동한다.

시골 들길을 걷는다. 논에는 잘 자란 벼가 바람만 약간 통할 정도로 가깝게 심어졌다. 이삭이 나온 벼가 꽃처럼 예쁘다. 농부들의 피땀에 화답하며 사이좋게 살랑살랑 손잡고 걸어가는 듯하다.

재미있는 얘기를 하는지 하늘보고 웃기도 한다. 밭에는 어른 키보다 더 큰 참깨가 벼를 내려다보고 있다. 서너 포기씩 붙어 의지하며 열매를 주렁주렁 맺었다. 웬만한 태풍이 심술을 부려도 옆에서 잡아주니 걱정 없다. 저녁노을을 머리에 이고 오늘 하루 태양과 공기

와 바람에게 감사하며 사이좋게 자자고 끌어안는다.

어둠이 내리는 마당에는 바쁘다. 지천으로 뛰어다니던 메뚜기 방아개비가 제 집을 찾아 기어들고 지름땅개는 새끼를 등에 업은 채 쉬고 있다. 뚱뚱한 땅강아지가 정처없이 걸어가는 옆에서 검은 귀뚜라미는 의지할 짝을 급하게 부른다. 어둠이 짙어지자 반디불이 한 쌍이 앞 다투어 하늘로 솟구쳤다가 빙글 빙글 돌며 내려왔다. 공중 쇼를 하는 황홀한 밤 풍경이 눈앞에 펼쳐진다. 삼복더위를 이길 수 있었던 것도 이러한 자연 환경이 우리에게 주는 조화와 위로의 기대가 아니었던가.

하늘에는 반쪽달이 구름을 가르며 서쪽으로 향한다. 달에게 의지하려 함인지 초롱한 별 하나가 잰걸음으로 뒤따라간다. 마당의 풀벌레는 서로에게 화음을 맞추고 있다. 별빛에 기대어 밤새 노래를 그칠 줄 모른다. 풀벌레 노래에 젖은 마음 마음을 꽃다발처럼 묶어 달기둥에 묶어 놓고 싶다. 꽃 한 송이, 풀벌레 소리, 달빛과 바람까지 기대고 싶지 않은 것이 무엇이랴. 인생은 잠시 흐르는 바람 같은 것. 어느 날 우리의 영혼은 바람에 기대어 안개처럼 훌쩍 떠나가리라.

사철 푸른 소나무처럼 청청하던 큰댁 형님 내외분이 떠났다. 많지 않은 나이에 떠나시고 기댈 곳이 없어진 형제들이 자손들과 각자 명절을 지냈다. 아무래도 허전해 둘째 형님 내외분과 명절 다음날이라도 만난다. 형제들이 기대고 부대끼며 살던 때의 이야기에 웃음꽃이 핀다. 가난해도 서로 아껴주고 격려하던 시절. 물질의 풍요가 어찌 그런 행복을 줄 수 있을 가보냐고 얘기한다. 형만한 아우 없다고 떠나신 분들의 자비와 사랑을 그리워한다. 무엇이나 아낌없이 주려는 형님인데 더 많이 하라고 채근하던 시아주버님과 다투시던 이야기를 한다. 한 치 건너 두 치라며 큰 형님과 웃곤 하던 때가 있었다. 기대는 동생들이 있는 것만으로 감사하던 형님이었다.

우리는 떠나는 그날까지 서로 기대고 산다. 사람인 '人'자는 서로 의지하는 법을 배우라고 만들어 놓은 것이겠지. 우주의 질서와 생명의 순리가 기대며 살아가도록 되어 있어 거부할 수 없는 것. 내가 기댈 자연과 인간, 미물까지 끌어안아야 할 소중한 생명이다.

사방을 둘러보아도 어느 하나 없어야 될 것은 없다. 사랑하는 부모 형제와 남편과 자식들과 친구들. 늘 가까이서 함께 웃어주고 활력소가 되어주는 이웃사촌들.

보면 볼수록 정답고 사랑스러운 존재가 아니던가. 서로를 위해 꽃처럼 아름답게 가꾸어야 할 존재인 것을 끈임 없이 깨달으면서 살아간다.

■단편소설■

날개

이 건 원

'부르르르….'

비행기가 전진한다. 날개를 보면서 영감은 혀를 입천장에 대고 느끼는 진동을 가벼운 마음으로 즐긴다.

'아, 저 날개가 날기 위하여 꺾이는 구나.' 지난번에 뜰 때 자세히 보고 그런가보다고 생각하였더니, 다시 꽤 넓은 활주로를 달려가는 비행기를 타고 날개의 작동을 살핀다. 활주로를 달리던 비행기는 하늘에 오른 듯하다. 날개 밑으로 산천이 아름답게 보인다. 팔월의 맑은 날 벌써 정오에 가까운 시간이다. 옛날에 비행기가 이륙하면 귀가 울려서, 사탕을 입에 넣으라고 주던 기억도 있다. 이번에는 비행기가 하늘에 다 오르기까지, 혀를 입천장에 줄 곧 대지 않았어도, 그저 자연스럽게 이륙하는 비행기를 즐길 수 있다는 것이 신기하다. '이제는 비행기가 그렇게 특수한 기계로 느껴 지지 않도록 되었구나.' 하는 생각도 하였다.

영감은 인천공항에서 이륙한 비행기로 곧장 베이징

으로 가는 중이다.

영감이 일주일 전에 이 비행장에 착륙하였던 것은, 매우 오랜 세월이 지난 옛일로 기억 된다. 그 때에 인천에서 중국에 가는 비행기를 탈 때에도 날씨가 좋았었다. 특히 인천에서 이륙한 직후에 보이는 인천 지역의 모습이 눈에 어린다. 비행 사진을 소개하기도 하여게 보았지만 비행기 안에서 보는 인천지역의 모습은 잊기 어려운 모습이었다. 그 후에 영감이 탄 비행기는 상당히 높이 올라서 구름을 아래로 보게 되었었다. 유난히 흰 구름이었다. 저 솜 방울 같은 구름이 저 파란 하늘에 떠 있다는 것이 신기하기도 하고, 그 구름의 모습도 매우 여러 가지이다. 하도 신기하여서 휴대전화로 사진도 찍어 보았다.

이제 하늘에 오르는 중국행 비행기가 아닌 중국을 떠나는 비행기를 탔다. 그러나 많은 다른 중국 승객들은 이 비행기를 중국의 국내 비행기로 생각하고 탄 모양이다. 영감이 인촨을 떠나는 것이 일주일의 중국여행을 마치고 베이징에서 인천으로 가는 비행기로 옮겨 타려고 탄 비행기이지만 승객들은 많이 중국인들이었다. 비행기가 중국의 모습을 보여 준다.

산 속의 골자기에 인가가 있는 것이 재미 있다. 그리고 그 집들에 이어지는 길들이 푸른 숲 속에 길고 자꾸 구부러지는 선들을 긋고 있었다. 자꾸 지난 일 주의 일들이 머리를 스쳐간다.

영감이 인촨비행장에 내린 시간이 벌써 날이 저물어 가는 시간이었던 것 같다. 원래 계획은 적당하게 인천 공항에 나오기 마땅한 10시 경에 비행기에 탑승하여 베이징에 한 시간 정도 머물다가 인촨에 오후 늦지 않게 도착하도록 되어 있었던, 40여 명의 단체 여행객들의 편의를 고려한, 중국비행사의 시간 배정이었겠지만 인천에서 약간 지체하였던 것 같다.

인촨에 도착하였으나 비행장에서 숙소로 마련된 학교의 회의장 겸 반점飯店(한국 같으면 호텔이라 이름하였을 듯해 보이는 대형 숙소 겸 회의장이었다.)으로 가기 위하여서 중국 측의 준비로 온 대형 버스가 인촨시내에 들어갔을 때에는 벌써 어두운 저녁이었다. 그러나 인촨은 어둠이 전기 불들로 더욱 반짝거림을 볼 수가 있었다.

아침밥을 서울 영감 자신의 숙소에서 먹고, 인천 공항에 나와서 비행기를 타고 중국의 닝샤후이주자치구寧夏回族自治區의 중심도시 인촨시銀川市에 하루 안에 도착하였다는 사실을 영감이 경험하였다.

인촨은 인구 60만여 명의 도시이지만 도로가 넓고, 특히 도로 주변에 나무를 심어서, 우리 서울 영감이 사는 골목과는 다른 천국과 같은 곳에 온 기분도 들었다.

자꾸 사진으로 남기고 싶은 도시였다. 영감 등을 맞으려 나오신 중국 측의 순 교수가 동행하고, 닝샤대학의 대표들도 같이 간 곳은, 말하자면 노독을 풀자는 회식 장소였다. 주로 술로, 영감 등이 중국의 서북부 몽고와 사막을 지나 회족의 고향인 이슬람 문화권을 잇는 지금은 후이주자치구라고 이름 하는 곳에 온 것을 환영하는 것이다. 같이 앉아 있자니 이제는 영감이라는 생각을 새롭게 하였다. 더군다나 멀리서 왔다는 생각에 저 젊은 사람들이 저렇게 술을 즐기니 어쩌나 하는 생각까지 하면서, 조용한 구름 위의 하루 여행을 반추하면서 이렇게 중국여행이 변하였다고, 조선의 옛 어른 들게 말씀드려야 하겠다는 생각도 들었다. 중국여행이 몇 달이 걸리던 옛 조선의 어른들에게는 그 때의 교통수단이 배나 말 뿐이었기 때문이었다고 할 것이다.

2013년 8월은 인천에서 인촨으로 하루 안에 갈 수 있는 비행기 여행이 가능하게 되었다는 것을 영감도 경험한 것이다.

저녁 환영회식이 오래였던지 늦게 숙소 겸 회의 장소에 도착하였다. 방에 들어 와서야 영감의 내일 일정을 알았다.

다음 날은 일요일인데 회의가 공식으로 시작되었다. 영감이 앉아야 할 장소까지 사전에 고려하여 정하고, 영감 이름을 붙여 놓은 회의장의 좌석에 앉았다. 닝샤법과대학寧夏法科大學이 마련한 회의준비라고 기억 한다. 회의가 이틀간 진행되고 회의록이 숙소에 마련된 가방 속에 있었다. 월요일 오전까지 회의에 참석하였던 영감은 그 숙소 앞에서 기념촬영을 하고, 회의 중의 실내에서 하는 토론 겸 발표를 마치고 오후에 닝샤박물관에 가서 후이주의 전통문화 유물을 관람하였다.

영감은 안내하는 여인의 중국말을 모두 알아듣지는 못하지만, 조금씩 귀에 들어오는 말도 있어서, 안내양의 인도로 박물관을 관람하였다. 박물관은 원래 월요일에는 휴관이었기 때문에 영감 등이 간 월요일 오후에는 일반관람객들은 볼 수가 없으나, 특별히 영감 등을 위하여 개관하고, 설명해 주는 여직원까지 주선하여 준 것 같았다. 이 박물관관람이 영감의 중국여행의 분기점이었다. 실내에서 책을 앞에 두고 말하다가, 이제 가서 보는 여행 이전의 짧은 시간이었다.

인촨시가에 처음 온 기분이다. 영감이 이틀 전에 비행장에서 올 때에는 야경이었다. 번화가의 사람들이 오가는 거리의 환영 만찬이 저녁이어서 더욱 그럴듯하였다. 이제는 월요일 오후의 인촨 시내에 있은 박물관을 들어가면서 그 안의 것들이 무엇인가를 알려고 하기 보다는, 그 건물과 주변의 도로정리 그리고 특히 가로수들의 배치가 영감의 눈에 띄었다. 아마 요즈음 인터넷의 발달로 박물관에 가서 보는 것보다 화면에서 보는 것이 더 편해서 일 것이다.

다음날 화요일 영감은 숙소에서 나오면서 짐을 싸들고 나오게 되었다. 이 숙소는 회의를 위한 숙소였던 것 같다. 앞으로 영감들이 가는 닝샤의 다른 도시인 중웨中衛에서 돌아와서도 같은 숙소가 아닌 다른 곳으로 간다고 하는 것 같았다. 닝샤의 날씨에 대하여 조금은 특이하다는 느낌을 가지게 되었다. 영감이 지금까지 여러 곳에 가 보았으나 그 곳은 비가 많이 오는 지역이었다고 생각이 된다. 지난 회의 때에 상하이와 그 주변의 섬들을 여행하던 기억이 난다. 그 때에도 일주일 동안에 비가 오는 날은 없었다고 기억된다.

그러나 하늘이 달랐다. 영감의 고향의 날씨가 좋은 곳이라는 것을, 영감의 고향 가을이 최고라는 것을 글로 알고 있었으나 더 좋은 날씨를 본 것이 하와였다고 생각한다. 영감이 어려서 처음 하와이 공항에 내리면서 보았던 그 하와이의 하늘은 참으로 맑았다고 기억된다. 1970년 초여름이었다. 그 때의 서울의 대기오염도 화와이 호노루루 하늘에 놀랐던 영감의 기억의 원인이었을 것이다.

어찌하던 우중충한 하늘에서 비나 왔으면 하는 생각이 들지만 비도 오지 않는 날에 중웨로 갔다. 가는 도중에 우리가 보는 것은, 시샤[西夏]왕국의 개국왕인 리위엔하오[李園好] 등의 묘를 멀리서 보면서 자동차로 중웨로 가고 있었다. 저 묘는 멀리서 보자면 거의 붉으스름한 찰흙덩이 같으나 상당히 컸다고 기억된다. 13세기 초에 몽골의 징기스칸의 대군에게 정복당한 고대 시샤왕국의 묘들이라고 하였으나 멀리서만 보면서 달리는 자동차에 몸을 맡기고 있었다. 쉴 새 없이 안내를 맡은 젊은이는 설명하고 있었다. 영감은 비행기에서처럼 자세히 차창 밖을 바라보면서 갔다. 조금 가다가 보니 길가의 초원이 자꾸 말라가는 것 같아 보였다가, 드디어는 차라리 흙무더기라고 하여야 할 지역에 이르고 있었다. 중웨에 가서 숙소를 정하고 밤에 쉬었다.

아침에 창밖을 보아도 맑은 하늘은 없었다. 비가 오지 않고 흐린 날씨가 계속되고 있었다. 영감이 회의장에 들어가거나, 숙소에 들어가거나, 언제나 식수통이 따라 다니듯이 나왔다. 버스에서도 식수통을 나누어 주었었다. 자꾸 식수통을 보면서 생각하였다. 이렇게 물이 귀하다는 것을 생각하였다. 물이 좋지 않아 차를 끓여 먹으면 어떨지 하는 생각도 해봤으나, 식수통을 차를 타고 가는 사람들에게 주는 것은 어쩔 수 없는 것이라고 느꼈다. 서울에서도 자주 젊은 사람들이 식수통을 영감의 냉장고에 가져다주는 것을 생각하여 보았다. 영감이 이번 여행에 조금은 더 조심하는 이유가 사막에도 간다는 것을 읽은 후부터였다. 아직 사막에 도착하지는 않았지만 자꾸 식수통이 특별하게 느껴진다. 영감은 어려서 물은 불법佛法이라는 말을 들으며 자랐다.

상하이 주변의 1004개의 섬들이 있다는 지역을 여행할 때에는 바다를 가로 지르는 새로 만든 다리들을 달리는 차로 종일 가도 식수통은 없었다. 그러나 이제 이곳을 달리는 버스에도 식수통이 준비되어 있다. 2년 만에 이렇게 변한 것도 사실이겠고, 또 이 지역의 사막을 생각하면 이러한 배려가 더욱 중요하겠다고 생각하였다. 연 강수량 150~500mm라고 알려져 있는 이

곳이다. 일주일 동안 비는 없었고 아침에 차를 타러 나가다가 빗방울이 날리는 듯하였으나, 비라고 하기에는 너무나 희미한 안개라고 하였어야 좋을 흐린 날씨만 경험하였다.

그러나 넓은 주차장들이 준비되어 있는 숙소 밖의 모습이 시원하였고, 참으로 지금도 계속하여 설계하여 가는 사람들의 의지를 느끼는 도시들이었다. 숙소의 목욕시설 그리고 식수라고 표시되어 있는 수도꼭지도 있으나, 물통은 언제나 침실에까지 따라다녔다. 마치 우리가 들은 말대로 불법은 물이라고 하였듯이, 불법이 따른다는 느낌도 어찌하지 못하였다. 자동차로 중웨를 나서면서 이제 몽고의 유적, 사막 그리고 회족의 모습을 보러 간다는 생각을 하였다. 모두 하루에 볼 수는 없어서 중웨에 숙소를 정하고 다니던 것들이 이제 비행기에 오르고 나서 되색여진다.

몽고의 모습이 생각난다. 말을 타는 목장에서 준 흰 목걸이가 아직도 가방에 있다는 생각도 하면서 말을 타고 세계를 돌아 본 민족 몽고족의 유적을 보았던 기억을 되 삭인다.

중웨에서 버스를 타고 나가면서 다시 버릇으로 영감은 산이 보이지 않는 지평선을 차창을 통하여 지켜보며 갔다. 사막이 가깝다고 하는 것을 초목이 거의 보이지 않는 평원에서 느끼곤 하였다. 영감은 저 들이 우리 고향의 산처럼 푸르렀을 때도 있었겠지 하는 생각을 하면서 풀포기가 귀한 평지를 달리는 버스로 몽고의 유적지라기보다는 몽골의 모습을 관광객들에게 보여주고자 하는 몽고인들을 보았다.

유난히 큰 나무토막도 있는 나무 가지들로 얽힌 벽을 한 경마장에 들어서자 이것이 옛날의 몽골의 모습인가 하는 생각을 하였다. 많은 젊은이들이 말을 타기를 즐기고 있었다. 풀이 여기저기 조금씩 살아 있는 초원이라고 부르기에는 어설픈 경마장을 보면서, 들어서는 우리에게 나누어 주던 하얀 비단 목걸이를 들고 앉아서 한참은 멍하니 보고 있었다. 저렇게 말을 타고 유럽에까지 다녀온 몽고인들의 흔적을 보고 있었다.

저쪽에는 낙타들이 있다. 그 쪽은 초원이 아니고 사막이다. 낙타는 말에 비하여 크고 앉아서 타도록 하여야 타는 것을 볼 수가 있었다.

멀리서 보다가 그 경마장의 거대한 몽고풍의 문을 나서서 주차장에 있는 차를 타려고 오자니 낙타 한 마리가 한가롭게 풀을 뜯으며 우리를 전송하듯이 따라온다. 사진을 찍어서 기억하려고 자꾸 사진을 찍는 모습을 볼 수가 있었다. 저 낙타처럼 풀을 자유로 뜯는 초원이 좋아 보였다. 그러면서도 저 들에 조금은 더 무성한 풀이 있었으면 하는 생각을 버리지 못하는 것은, 영감이 살아온 곳의 평원에 풀이 무성하였기 때문이라는 생각이다.

이번 현지답사 중에서 영감이 나는 영감이라는 것을 다시 생각하게 한 것은 황하를 따라가는 사막여행이었다. 여행은 여행자들에게 부담을 주지 않을 정도로 시간을 잘 조정하여 밤에 늦지 않게 중웨의 숙소에 돌아오곤 하였었다.

아침에 중웨를 나서서 황하를 보면서 차를 타고 갔다. 참으로 누런 물이 질펀하게 흐르는 것 같은 강이 누런 물이라는 황하라는 생각을 하면서, 다시 손에 잡히게 차 안에 준비되어서 각자에게 분배된 물통을 본다. 저 물은 누런 물이어서 불법이라고 말하기 어렵겠다는 생각을 하면서 사막에 갔다. 사막도 관광지가 되어 있었다. 깎아지른 모래 언덕을 오를 수 있도록 난간을 만들어 두어서 타고 올랐다. 백여 미터 오르고 보니 모래 언덕 위이고 누런 황하가 앞으로 흐르는 것을 볼 수가 있었다. 우리의 안전을 위하여 따라 다니는 젊은 중국 사람의 충고가 들린다.

40이상은 노인으로 보아서 앞의 모래를 타고 내려가는 것은 아니 된다고 하였다. 나는 그 말이 내가 바로 들었는지 하는 생각도 하면서 모래를 타고 내려가는 곳에 가 보았다. 그 곳을 관장하는 젊은 여인이 매우 질색을 하면서 마구 소리친다. 40이상은 위험하니 못 간다는 것이었다. 나는 어쩔 수 없이 영감이라는 것을 다시 확인하면서 옆의 쇠줄에 달린 의자를 타고 모래 언덕을 내려갔다. 내려가서 보니 어린 소녀가 즐기면서 모래 썰매를 타고 오는 것이 보였다. 요리조리 방향도 조금씩 바꾸는 솜씨가 우리 노인들에 자랑하는 것과 같은 모습이다. 그러면서 나는 아직 나도 저런 경험해볼 수도 있겠는데 하면서 같이 황하의 뗏목을 타고 내려 왔다.

조금은 독특한 뗏목이기에 자세히 보았다. 우리가

앉은 곳에는 조그마한 방석들이 4개 있었다. 우리가 그 뗏목을 타기 전에 그곳의 젊은이들이 심각한 표정으로 안전띠를 매어 주고 있었다. 영감도 안전띠를 매고 등에 진 배낭을 앞에 달고 뗏목에 올랐었다. 뗏목은 양가죽 12개에 입으로 바람을 불어 넣어서 부풀리고 사각형으로 얽어맨 나뭇가지 밑에 달아 묶었다. 그 가운데 방석 4개를 달아서 네 사람의 엉덩이만 붙이고 타고 사공 한 사람이 노를 저어서 뱃길을 조정하는 것이었다. 마침 우리가 위에서 아래로 황하를 타고 오기 때문에 이 뗏목은 순조롭게 내려오고, 올라가는 것은 강둑을 따라서 뗏목을 들고 올라가는 것을 볼 수가 있었다. 붉은 색으로까지 보이는 황하를 조금 타고 내려오는 경험을 하였다. 우리가 모래를 타지 못하여 서운해하는 눈치를 알아보았는지, 젊은 사람들이 우리가 물을 타고 내려오는 모습의 사진을 찍어줘 사례하고 간직하고 있다. 이것이 황하의 추억이 되리라고 믿는다.

꿈속의 여행 같이 여러 기억을 더듬는 중에, 비행기는 베이징에 다가가고 있었다. 잠시의 비행이지만 기내식을 먹었다. 아직도 기억할 만한 것들은 많은 일정이었다. 중웨의 숙소에서 자고 다시 여행하곤 하였었다. 몽고의 밤과 이스람(중국말로 回族이라고 하였던 것 같다.)사원의 기억이 있다. 몽고라고 하면 몽고의 천막집이 생각이 날 정도였다.

그날은 몽고의 식당에 갔다. 몽고 천막에 들어가서

마루에 앉아서 식사를 하였다. 주인이 몽고의 고유의상을 한 여자이고, 우리는 몽고식 식탁에 앉아서 몽고음식을 맛보았다. 우리의 음식과 많이 닮았다. 특히 우리가 맵게 먹는다는 것도 고려한 음식인듯 하였다. 반점의 요즈음 음식과는 달리 고향 생각을 자아내는 식사였다. 영감은 천장을 보다가 이전에도 저렇게 철골로 천막을 지탱하였을지 하는 생각을 하였다. 어찌하던 2013년에 우리에게 몽고의 풍습을 알려주기 위한 것이라는 것을 느끼며 저녁 행사에 갔다.

원형무대에 가서 있자니 이곳이 아니라고 하여서 좌석이 더 많이 준비된 다른 무대로 갔다. 몽골 복을 한 젊은 남자들과 여자들이 행사를 진행하면서 횃불을 사용하였다. 저 횃불이 옛날의 이 놀이의 주축이겠다는 생각이 들었으나, 전기 조명이 더 강하여서 눈이 부셨다.

다 보지 못하고 숙소로 돌아와야 했다. 사막이 가까운 초원에 풀이 거의 없고 산도 보이지 않는 곳에 있는 태양광선을 이용한 발전 시설을 차안에서 눈여겨 본 기억이 난다. 횃불 대신에 전기가 쓰이자면 이 지역도 영감의 고향처럼 푸르게 될 날도 있을 것이라는 생각을 하면서, 그 때에는 저 사막의 모래 먼지가 우리 땅에 황사라는 이름으로 오지도 않는 날이 올 것이라는 생각을 하면서 숙소에 돌아와서 쉬었다.

이 지역을 후이주자치구라고 부르는 이유를 알려주는 여행이 있었다. 후이족이 전체 인구의 35%라고 한다. 지금은 많이 한족과 구분하기도 어려운 모양이지만 흰 챙이 없는 모자를 쓴 분들이 거리에 자전거를 타고 무리로 지나는 것을 보면서 저 흰 모자가 말하는 것이 그들의 고유의 모습을 자랑스럽게 생각하는 것이라고 느낀다. 연못을 만들고 그 사이에 다리를 놓아 거닐도록 만들어진 후이족의 유적지에 들어섰다. 그러나 연못에 물이 없어서 영감은 성급하게 '아랍의 어려움이 이곳에도 미쳤는가 보다' 생각하다가 조금 안으로 들어서니 물이 있는 연못을 가로지르는 다리를 걷게 되었다. 후이족의 건물은 여러 문을 거치게 되고 그 문 사이의 마당이 우리의 궁궐처럼 넓게 펼쳐져 있었다.

대표가 표를 사고 들어서는 안쪽의 마당 가운데에 둥근 원추로 위가 더 넓은 원추형의 (우리가 많이 사진으로 보던) 사원의 안에 들어섰다.

양탄자의 원산지라고 듣던 것과 같이 양탄자가 넓은 방에 다 깔려 있다. 신발을 벗고 넓은 방에 모두가 앉아서 영감도 같이 앉아 있었다. 젊어 보이는 고유 의상의 남자 한 분이 앞에서 두 손을 펴서 입 앞에 대고 "아워아으워…." 하는 구호를 소리한다. 꽤 오래 계속된다. 그 목소리는 매우 커서 그 넓은 방에 울려 퍼지고 있었다. 옆에서 두 손을 위로 펴들고 경청하여서 영감도 따라서 그렇게 하였다. 영감이 금방 생각하는 것이 전에 미국의 회의에서 마이크를 거부하던 중국 교수 생각을 하였다. 우리는 그 분이 하는 말의 내용은 알 수가 없었다. 그러나 그의 목소리가 그 방에서 울려 퍼지는 것은 그것만으로 무엇인지 우리에게 전하는 것과 같은 느낌이었었다. 한 참을 지속하더니 그 젊은 분이 나에게 와서 말을 하였으나 나는 알지 못하고 옆의

분이 설명하여 드리는 것을 듣고 있었다.

우리는 그 회족 고유 건물들을 둘러보고 나와서, 회족식당에 가서 자리하였다. 같이 둥근 식탁에 자리한 한국 분들이 나더러 건배사를 하라고 하여서, 서로 더 잘 이해하자고 하곤 식사를 시작하였다. 조금 있자니 중국대표가 나오고 인사를 하자 한국 대표도 답례하는 것을 들을 수가 있었고 술잔이 상당히 끝이지 않아서 곧장 나올 수밖에 없었다. 회족의 음식은 우리와 조금 다른 점도 있었다. 그들의 고유 의상을 한 소녀는 자꾸 나의 잔을 채워주곤 하였었다. 붉은 대추가 떠 있는 단술이었다고 기억이 된다. 어쩐지 자꾸 마셨다고 기억 된다.

비행기는 곧장 베이징에 도착하고 우리는 자리를 털고 일어나야 했다. 저 비행기의 작은 창으로 중국의 산과 마을, 그리고 마침내 베이징의 모습을 보면서 비행기를 타고 오다가 곧장 베이징의 꽤 넓은 비행장에 도착하였다. 비행기가 착륙하는 소리가 조금 요란하다.

우르르릉 우르르릉 날개가 많이 내려진 것은 다시 착륙 후의 속도를 줄이기 위한 것이었다.

우리는 곧장 다시 한국에 가는 비행기에 올라야만 하였다. 지나는 사람들에게 보여주려고 전시된 베이징고적의 사진만을 보고, 중국을 떠나는 비행기에 올랐다.

황순원 문학관 탐방

1915년 3월 26일 평남 대동 출생. 숭실중학교, 와세다 제2고등학원을 거쳐 1939년 와세다대학(早稻田大學) 영문과를 졸업, 예술원회원으로 경희대 교수 역임.

1931년에 시 「나의 꿈」을 《동광》에 발표한 후 시 창작을 계속하여 『방가(放歌)』(1934), 『골동품』(1936) 등의 시집을 출간했다.

〈삼사문학(三四文學)〉 동인으로 처음에는 시를 써 시집을 낸 일도 있었으나 1940년 무렵부터 소설로 전향했다.

1937년부터 소설 창작을 시작하여 1940년에 『황순원 단편집』(후에 『늪』으로 개제)을 출간하고, 그 후 소설 창작에 주력하여 『목넘이 마을의 개』(1948), 『기러기』(1951), 『곡예사』(1952), 『학』(1956), 『잃어버린 사람들』(1958), 『너와 나만의 시간』(1964), 『탈』(1976) 등의 단편집과 『별과 같이 살다』(1950), 『카인의 후예』(1954), 『인간접목』(1957), 『나무들 비탈에 서다』(1960), 『일월』(1964), 『움직이는 성』(1973), 『신들의 주사위』(1982) 등의 장편소설을 발표했다. 1980년부터 문학과지성사에서 『황순원전집』이 간행되었다.

초기 소설들은 애수나 정감을 간결한 수법으로 다루는 특징을 보였으나 후기에 와서는 사회적인 문제에 눈을 돌려 고아(孤兒)의 세계, 백정의 특수 사회, 해방 후 북한의 토지개혁 같은 것들을 소재로 삼았다. 표현 수법은 신심리주의적 경향이 짙고 문장의 세련과 긴축이 특징이다. 잡문을 쓰지 않는 작가로도 정평이 있다.

아세아자유문학상, 예술원상, 3·1문화상 등을 수상했다. 간결하고 세련된 문체, 소설 미학의 전범을 보여주는 다양한 기법적 장치들, 소박하면서도 치열한 휴머니즘의 정신, 한국인의 전통적인 삶에 대한 애정 등을 고루 갖춘 황순원의 작품들은 많은 논자들에 의하여, 한국 현대 소설의 가장 높은 봉우리에 위치한다는 평가를 얻고 있다. 특히 그의 소설들이 예외없이 보여주고 있는 서정적인 아름다움은 소설 문학이 추구할 수 있는 예술적 성과의 한 극치를 실현하는 것으로 간주된다. 소설 문학이 서정적인 아름다움을 추구하는 데 주력할 경우 자칫하면 역사적 차원에 대한 관심의 결여라는 문제점이 동반되기 쉬운 법이지만, 황순원의 문학은 이러한 위험도 잘 극복하고 있다.

그의 여러 장편소설들을 보면, 서정적인 아름다움이 충실히 견지되는 가운데, 일제 강점기로부터 이른바 근대화가 제창되는 시기에까지 이르는 긴 기간 동안의 우리 정신사에 대한 적절한 조명이 이루어지고 있음을 확인하게 된다. 문예 사조의 관점에서 볼 때, 그의 문학 세계에서 주조음을 이루고 있는 것은 낭만주의라고 할 수 있다. 그리고 황순원은 한번 작품이 발표된 후에도 기회만 있으면 끊임없이 손질을 거듭하는 장인적 집요함의 소유자로도 널리 알려져 있다. 〈네이버지식〉

나의 꿈

황 순 원

꿈! 어젯밤 나의 꿈.
이상한 꿈을 꾸었노라.
세계를 짓밟아 문지른 후
생명의 꽃을 가득 심으고
그 속에서 마음껏 노래를 불렀노라.
언제든 잊지 못할 이 꿈은
깨어 흩어진 이 내 머리에도
굳게 박혔노라.
다른 모든 것은 세파에 스치어도
나의 동경의 꿈만이 존재하나니.

〈1931. 시 「나의 꿈」을 동광에 발표〉

소설가 황순원은 1915년 평남 대동 출생, 2000년에 사망. 일본 와세다 대학 영문과 졸업. 예술원회원으로 경희대 교수 역임. 〈삼사문학三四文學〉 동인으로 처음에는 시를 써 시집을 낸 일도 있었으나 1940년 무렵부터 소설로 전향했다. 초기 소설들은 애수나 정감을 간결한 수법으로 다루는 특징을 보였으나 후기에 와서는 사회적인 문제에 눈을 돌려 고아孤兒의 세계, 백정의 특수 사회, 해방 후 북한의 토지개혁 같은 것들을 소재로 삼았다. 표현 수법은 신심리주의적 경향이 짙고 문장의 세련과 긴축이 특징이다. 잡문을 쓰지 않는 작가로도 정평이 있으며 1954년 자유문학상 · 1960년 예술원상 수상, 한국현대문학에 있어 시대사의 격랑을 헤치고 순수문학을 지켜온 거목이다 작가의 인품이 작품에 투영되어 문학적 수준을 제고함까지 작가정신의 사표로 불리는 시간적 공간적 상황을 점유하였다.

황순원과 그의 문학은 신앙심이 깊고 활동적이며 무엇보다 문학에 대한 조예를 갖춘 부인의 조력을 비길데 없는 원군으로 얻게 되었던 셈이다. 작가 자신도 언젠가 부인이 없었더라면 이만큼의 황순원 문학이 불가능 했을 것이라고 회고한 적이 있다한다.

1) 〈황고집〉의 가문, 그리고 단단한 시적 서정의 세계(1915~1936)

황 씨 가문의 본관은 제안齊安 이며, 누대에 걸친 향

리의 명문이었다.

조선시대 영조 때 평양에 〈황고집〉이라는 유명한 효자가 있었고 그의 조상 공경과 강직 결백함은 이름이 높아 이홍식 편『국사대사전』에 까지 올라 있는데 , 이를 호로 단 집암執庵 곧 본명이 순승인 분이 작가 황순원의 8대 방조이다.

이 가문의 기질적 전통이 황순원의 조부 연기, 부친 찬영, 황순원 자신, 그리고 장남인 시인 동규에 이르도록 약여하게 발견된다고 김동선은「황고집의 미학, 황순원 가문」이라는 글에서 밝히고 있다.

작가가 7살이 되던 1921년에 평양으로 이사를 하게 되고 숭덕 소학교에 입학한다.

열두세 살 때부터 체중을 줄이기 위해 어른들의 허락을 받고 소주를 마시기도 하였다 한다.

열다섯 살 나던 1929년 황순원은 정주의 오산학교에 입학하여 한 학기를 다니고 건강 때문에 다시 숭실중학교로 전학한다. 그 과정에 정주에서 남강 이승훈 선생님과의 만남을 가지게 된다.

숭실중학교 재학 중이던 1930년에 황순원은 시를 쓰기 시작했고 이듬해 7월 처녀시「나의 꿈」을 9월에「아들아 무서워 말라」를《동광》에 발표하기 시작하여 1932년 5월 시「넋 잃은 그대 앞가슴을 향하여」가《동광》문예 특집호에 발표됨과 함께 주요한으로부터 김해강, 모윤숙, 이응수와 더불어 신예시인으로 소개받으며, 단편소설 작가로 자기를 확립했고 다시 장편소설 작가로 발전해 간 사람이다.

2) 단편작가로 입신, 문학적 성숙을 예비한 서장(1937~1949)

1937년 시만 쓰던 창작관행을 탈피 소설을 발표하게 되며 그 해 7월에 《창작》 제3집에 「거리의 副詞」를 발표하였고, 이듬해 1938년 10월에 「돼지계」와 시 「과정」, 「행동」을 《작품》 제1집에 발표함으로서 동인지에도 발을 들여 놓는다. 소설은 쓰기 시작한지 3년 만인 1940년에 황순원 첫 단편집인 『황순원 단편집』이 서울 한성도서에서 간행된다. 후에 작가 자신에 의해 『늪』으로 개제된 이 창작집에는 집필시기가 기록되지 않은 열 세편의 단편이 실려 있다. 1945년 평양으로 돌아온 황순원은 해방의 기쁨에 젖어 「그날」을 비롯한 시 몇 편과 단편 「술」을 썼으며 처음이자 마지막으로 라디오 드라마를 한 편 쓰기도 했다. 그는 1946년 월남하여 서울고등학교 국어교사로 취임한다. 1947년

장편 『별과 같이 살다』를 부분적으로 독립시켜 잡지에 팔표하기 시작하면서 장편소설을 쓰는 발판이 된다. 1948년 황순원은 해방 후의 단편만을 모은 『목넘이마을의 개』를 육문사에서 간행했다.

3. 전란의 상흔과 모순에 맞선 인간애 및 인간중심주의(1950~1964)

1950년 2월 첫 장편 『별과 같이 살다』를 정음사에서 간행한다. 1951년에 단편집 『기러기』를 명세당에서 내었다. 부산에 머물며 1952년 1월 단편 「곡예사」가 《문예》에 발표 6월에 단편집 「곡예사가 명세당에서 간행되었다. 1953년 5월 단편 「학」을 《신천지》에 그리고 단편 「소나기」를 《신문학》 제4집에 각각 발표한다. 그해 9월에 《문예》에 새 장편 「카인의 후예」를 연재하기 시작해서 5회까지 연재하고 이 잡지의 폐간으로 중단

1954년 12월에 『카인의 후예』를 중앙문화사에서 단행본으로 상재 되었다. 〈봉〉

〈참고문헌: 계간 작가세계 1995년 봄호 /도서출판 세계사〉

■편집후기■

♣ 들뜬 마음으로 또 한해를 맞이하였다. 시간 나는 대로 우리는 모여서 나름대로 문학에 대한 깊이를 연구하였고 작가들의 삶을 재조명하여 보았다.

바쁜 일상 속에서도 틈틈이 문인들의 흔적을 살펴보는 일은 계속 진행되고 있었다.

낮게 내려앉은 비구름 속에서 막바지 단풍이 빛을 발하고 있을 때 우리를 태운 차는 계곡물을 따라 한참을 더 거슬러 올랐다. 길이 거의 끝나가던 즈음에서 그림처럼 서 있는 하얀 집을 보았다. 마음씨 좋은 문우가 내어준 그 예쁜 집에서 우리는 늦도록 열띤 문학토론을 펼쳤고 모닥불배경으로 펼쳐지는 시낭송으로 밤 깊어가는 걸 잊고 있었다.

그리고 채울 수 없는
빈 지식공간의 한 자리는
문학기행으로 함께 나눈 시간 속에서
우리들의 소중한 기억들을 모아
추억의 한 장으로 엮으며
또 한해 여정을 마무리한다.

〈사무국장 이현욱〉

♣ 문학기행을 떠나기 위해 모인 회원님들의 표정은 무척 행복해 보인다. 어렸을 적 소풍 전날 밤새 잠을 설치던 그 때랑 다를 것이 없다. 어디론가 떠난다는 것, 혼자가 아니고 뜻이 같은 회원들과 함께라서 더욱 좋다.

홍천으로 가는 길~

소풍가는 날 비가 온다고 속상해서 울먹였던 어린 시절을 상기시키는 잔뜩 물먹은 날씨, 구불구불한 작은 길을 들어서며 가을이 다 가기 전 마음껏 눈에 담으라는 회장님의 배려에 감사드린다.

심통 부리는 날씨가 야속하지만 흐림 속에 보이는 단풍들은 탄성을 지를 만큼 화려하다. 홍천의 깊은 계곡 꽤나 한적한 곳에 지은 소박한 '구수동천' 가는 길 내내 자연이 보여주는 아름다움에 도심 속의 모든 탁함을 훌훌 털어 버리고 즐거워하는 회원들을 보며 장소 제공을 하고 함께 가주는 순화가 고맙다.

건강을 생각하여 만든 황토방에 불을 지피고 순화의 텃밭에서 푸성귀를 뽑아 반찬을 만들고 밥을 하는 부산스러움도 즐거움이다.

열띤 토론에 '구수동천'의 까만 밤은 점점 깊어가고, 곱디고운 목소리의 주인공 복연 선배의 시낭송도 빼놓지 않고, 문학회의 발전도 염려와 기대에 찬 큰 포부로 계획하고…….

이러한 모임들의 시간이 복잡한 도심 한가운데 인사동 골목 많은 인파 속에 나도, 우리 님들도 한 몫을 하며 술렁거린다.

한해를 보내고 새해를 맞이하는 새로운 기분, 그동안의 결실을 모아 한 묶음으로 엮을 우리들의 이야기책, 젊은이들 못지않은 문학에 대한 열정, 열변을 토하기도 하고 잔잔한 미소를 띠며 조언을 나누기도 하며 고뇌에 찬 옛 시인처럼 한 포즈를 하고 찻집을 두드리고 시를 읊어보고, 막걸리도 마셔보고…….

이렇게 방송대문학회의 동인으로 활동하는 내내 행복하다. 무엇을 할 수 있다는 것. 만날 날이 되면 나를 기다려 주는 회원들이 있다는 것에 행복하다.

〈사무차장 장광분〉

한국방송통신대학교
Korea National Open University

방송대문학회 모임

다음카페 : http://cafe.daum.net/knou2010

∞방송대문학회 안내∞

한국방송통신대학교 졸업생, 재학생으로
공모전 수상 및 문학지에 등단을 하였거나
등단을 희망하는 문학에 관심이 있는 학우님들
〈방송대문학회〉에서 창작의 꿈을 펼쳐보세요.

어느 학과든 상관없이 등단작가 선배님들이
여러분의 창작활동과 등단할 수 있는
멘토가 되어 드릴 것입니다.

회장 김봉곤 : 010-8909-1555

다음카페 : 방송대문학회(등단작가모임)
http://cafe.daum.net/**knou2010**

인지생략

over a wall
poetry for literary coterie
6

2014년 방송대문학회 제4집

등나무 풍경

2014년 02월 15일 초판 1쇄 인쇄
2014년 02월 22일 초판 1쇄 펴냄

발행인 | 김봉곤
편집인 | 이현욱 장광분 우재호
제자 · 그림 | 민문자
발행처 | 방송대문학회
카　페 | http://cafe.daum.net/knou2010

펴낸이 | 송계원
디자인 | 송동현 한상욱 박향선
펴낸곳 | 도서출판 담장너머
등　록 | 2005년 1월 27일 제2-4102
주　소 | 100-272 서울시 중구 필동2가 84-10, 105호
전　화 | 02-2268-7680
이메일 | overawall@hanmail.net
카　페 | cafe.daum.net/overawall

2014 ⓒ 방송대문학회

ISBN 89-92392-34-1 03810
값 10,000원

* 파본은 본사나 구입하신 서점에서 교환해드립니다.